QUANTO
MENOS,
MELHOR

LEO BABAUTA

QUANTO MENOS, MELHOR

SEXTANTE

Título original: *The Power of Less*

tradução
Maria Alice Capocchi

preparo de originais
Alice Dias

revisão
Eliezer Moreira e Tereza da Rocha

projeto gráfico e diagramação
Abreu's System

capa
Miriam Lerner

impressão e acabamento
Yangraf Gráfica e Editora Ltda.

CIP-Brasil. Catalogação na fonte.
Sindicato Nacional dos Editores de Livros, RJ.

B111q Babauta, Leo
Quanto menos, melhor / Leo Babauta [tradução de Maria Alice Capocchi]. Rio de Janeiro: Sextante, 2010.

Tradução de: The power of less
ISBN 978-85-7542-613-5

1. Administração do tempo. 2. Sucesso nos negócios. 3. Autorrealização. 4. Autorrealização (Psicologia). I. Título.

10-4526 CDD: 650.11
CDU: 005.336

GMT Editores Ltda.
Rua Voluntários da Pátria, 45/1.404 – Botafogo
22270-000 – Rio de Janeiro – RJ
Tel.: (21) 2538-4100 – Fax: (21) 2286-9244
E-mail: atendimento@esextante.com.br
www.sextante.com.br

SUMÁRIO

INTRODUÇÃO

Em nenhuma outra época conseguimos realizar tanto tão rapidamente. E também nunca nos sentimos tão sobrecarregados de informações, tão assoberbados de e-mails, de coisas para ler e assistir, tão extenuados com o incrível volume de tarefas que invadiu nossa vida.

Para muitas pessoas, o trabalho é uma torrente de mensagens, notícias, solicitações, telefonemas, recados, papéis, anotações e arquivos. Nosso dia começa com a caixa de entrada cheia e termina com ela igualmente lotada. Cada e-mail representa uma demanda por informações ou ações a que não temos tempo de atender. É como se estivéssemos bebendo direto de uma mangueira de incêndio sem a menor ideia de como reduzir a intensidade do jorro.

Isso é estressante. E, se pararmos para pensar, não é dessa maneira que queremos viver nossa vida.

ENCONTRANDO A CALMA EM MEIO AO CAOS

Qual a alternativa a essa sobrecarga de informações e tarefas? Devemos seguir o exemplo de Henry David Thoreau e construir uma cabana na floresta, nos isolando da sociedade e de toda a tecnologia moderna?

O que proponho é um meio-termo: um caminho que nos permita continuar desfrutando de uma vasta quantidade de informações, tendo acesso a vários tipos de comunicação e meios de realizar nossas tarefas rapidamente, mas de uma forma que nos permita escolher quanto queremos consumir e executar – ou seja, proponho um caminho para uma vida mais simples, na qual realizemos o que de fato desejamos realizar.

Para isso, precisamos estabelecer limites a respeito de quanto queremos fazer e utilizar nosso tempo da melhor maneira possível, focando apenas nas coisas importantes, e não em tudo. Tente imaginar uma vida com dias de trabalho razoavelmente calmos, com um nível mínimo de estresse. Imagine-se conseguindo se concentrar em suas tarefas e executando somente as essenciais. Imagine-se atingindo suas principais metas sem a pressão de ter que fazer tudo ao mesmo tempo.

Isso pode parecer uma ideia utópica, mas garanto que é possível. Tudo se resume em fazer as escolhas certas.

SIMPLICIDADE

Acredito piamente na simplicidade. Minha vida fica melhor quando a simplifico, quando vou direto ao ponto e desfruto das coisas que amo. Meu trabalho flui melhor quando elimino as distrações e consigo manter o foco. Meu texto fica mais forte quando corto as palavras desnecessárias e uso somente aquelas essenciais para transmitir minhas ideias.

A palavra "simplicidade" possui vários sentidos em diferentes contextos. Mas a simplicidade que busco em minha vida significa reduzir a complexidade de tudo o que faço. Ou seja, graças às minhas escolhas, hoje eu faço menos e realizo mais.

O caminho para alcançar a simplicidade pode ser resumido em dois passos:

1. Identificar o que é essencial.
2. Eliminar o resto.

Neste livro, vamos abordar diversas maneiras de aplicar esses dois passos em seu trabalho e em sua vida pessoal, sempre retomando estas ideias centrais – concentrar-se no que é essencial e eliminar todo o resto.

COMO ESSA TÉCNICA FUNCIONOU PARA MIM

Há poucos anos, me vi atolado em dívidas, com um horário de trabalho que raramente me permitia ver minha família e que me deixava altamente estressado. Estava acima do peso e nada saudável, comendo gordura e sal em excesso. Não fazia exercícios físicos e fumava. Eu estava insatisfeito com minha carreira, passava por um momento complicado em minha vida e não tinha tempo para as coisas de que realmente gostava.

A situação estava insustentável. Então fiz uma escolha: decidi simplificar tudo, implantando mudanças positivas. Meu primeiro projeto foi tentar largar o cigarro. Dirigi todo o meu foco para essa única meta. Foi aí que algo surpreendente aconteceu. Essa energia canalizada me ajudou a quebrar as primeiras barreiras e eu consegui parar de fumar, algo que já havia tentado sem sucesso inúmeras vezes.

Isso me inspirou a estabelecer novos hábitos e objetivos. Apliquei, então, o mesmo método para cada nova meta: concentrava todas as minhas energias naquele desafio e quebrava as barreiras. Direcionava meu foco para uma única meta de cada vez (gosto de chamá-la de "A Meta") e me esforçava para não tentar fazer tudo ao mesmo tempo. O resultado foi que, ao longo dos últimos anos, consegui realizar muitas coisas: criei o hábito de correr, adotei uma alimentação mais saudável, tornei-me mais produtivo, liquidei minhas dívidas, organizei minha casa, emagreci e arranjei tempo para ficar com meus filhos.

Quando as pessoas me perguntam como conquistei tudo isso, respondo: estabelecendo limites e me concentrando no que é essencial.

OS SEIS PRINCÍPIOS DA PRODUTIVIDADE

A Parte I deste livro discute os seis princípios que vão ajudar você a aumentar sua produtividade e a simplificar sua vida:

1. Estabelecer limites.
2. Escolher o essencial.
3. Simplificar.
4. Manter o foco.
5. Criar novos hábitos.
6. Começar com pouco.

A Parte II traz dicas práticas para implementar esses princípios tanto em seu trabalho como em sua vida pessoal.

QUAL É O PROPÓSITO DESTE LIVRO

Antes de tudo, deixe-me esclarecer quais *não* são os propósitos: ensinar como escrever um livro, correr uma maratona ou parar de fumar. Este não é um manual de instruções de uma determinada atividade, mas um guia que ensina a simplificar a vida, a concentrar-se no que é importante, a fazer menos e realizar mais e a direcionar o foco para atingir metas, quaisquer que sejam.

PARTE I

OS PRINCÍPIOS

UM

Por que fazer menos?

Vivemos em um mundo onde "mais" é melhor. Buscamos mais dinheiro, queremos casas maiores e carros melhores, compramos mais roupas, acessórios e móveis. Precisamos de shopping centers cada vez mais amplos e ignoramos as pequenas lojas de bairro do passado. Consumimos mais, produzimos mais e fazemos mais do que jamais fizemos antes.

Mas o dia tem um número finito de horas, e quando chegamos ao limite não podemos fazer mais nada. Muitas pessoas veem esse limite como um problema, enquanto outros o encaram como desafio. Como posso encaixar mais essas atividades no meu dia? Se administrar meu tempo com eficiência e for mais produtivo, será que conseguirei fazer mais dentro do mesmo número de horas de que disponho?

O problema dessa busca constante por mais é que nem sempre alcançamos os melhores resultados. Fazer um grande número de tarefas não significa realizar muitas coisas. Na verdade, é como atirar às cegas: entre tantos tiros, você provavelmente irá acertar algum.

Mas na vida as coisas não funcionam assim. Quando fazemos muitas coisas, temos grande chance de realizar tarefas sem importância e de ficar sobrecarregados e estressados.

Imagine dois repórteres trabalhando em um jornal; um deles escreve 30 matérias por semana e o outro, somente uma. O primeiro repórter consulta várias fontes em busca de pequenas histórias remotamente interessantes, transformando cada uma delas em uma reportagem curta, que não chama muito a atenção dos leitores. Seu editor fica satisfeito com o volume de trabalho e o recompensa com elogios.

Já o segundo repórter produz uma única matéria por semana, tendo a chance de realizar um trabalho de qualidade. Ele passa a metade do primeiro dia pesquisando e refletindo até descobrir uma história que tenha grande impacto sobre os leitores. Então aprofunda sua pesquisa nos dois dias seguintes e depois se dedica a checar as informações e a escrever o artigo.

E o que acontece? Além de ser considerado a melhor matéria da semana, o artigo é indicado a prêmios, os leitores simplesmente o adoram e o repórter ganha fama e uma promoção. Outros textos produzidos do mesmo modo lhe garantirão uma próspera carreira. Enquanto isso, o primeiro repórter, pensando somente em quantidade, terá apenas o reconhecimento fugaz de seu editor. O segundo se concentrou em menos, mas realizou muito mais a longo prazo.

Por isso é importante fazer menos.

AS LIÇÕES DO HAICAI

Forma de poesia bastante popular no Japão, o haicai nos ensina algumas lições sobre o poder da concisão. Geralmente abordando temas relativos à natureza, esse gênero de poema tem apenas 17 sílabas distribuídas em três linhas (cinco sílabas na primeira linha, sete na segunda e cinco na terceira). O poeta precisa saber trabalhar com essa limitação para expressar toda uma ideia ou imagem – uma tarefa desafiadora, se ele tiver algo importante a dizer.

Sendo assim, o poeta que deseja compor um haicai tem duas alternativas: rapidamente escolher 17 sílabas e concluir seu poema em pouco tempo ou escolher com cuidado as sílabas que melhor expressam sua ideia. E é precisamente esta última - escolher o que é essencial - que cria um poema com alto poder de expressão, apesar de restrito na forma. As lições que podemos aprender com a tradicional poesia japonesa são os dois princípios da produtividade:

Princípio nº 1: Estabelecer limites, escolhendo somente o essencial. Em tudo o que fazemos, precisamos ter limite.

Princípio nº 2: Escolher o essencial, para criar um grande impacto utilizando o mínimo de recursos.

Essas duas lições constituem a essência deste livro, pois resumem em duas sentenças a ideia de fazer menos.

ESCOLHA O QUE CAUSA MAIS IMPACTO

Em nossa vida profissional, podemos fazer o mesmo que o primeiro repórter do exemplo anterior: gastar todo o nosso tempo com mil tarefas, realizar várias coisas e receber elogios por isso. As pessoas têm uma imagem positiva de quem trabalha muito e consegue lidar com tudo o que lhe é delegado.

Ou então podemos escolher ser como o segundo repórter e decidir fazer menos, porém realizar coisas que causam mais impacto. O que significa "mais impacto"? Uma tarefa ou projeto pode ter mais impacto de diversas maneiras, tais como:

- Trazendo reconhecimento duradouro.
- Rendendo mais dinheiro a longo prazo.

- Trazendo benefícios para sua empresa em termos de receita, exposição da marca, expansão de mercado, etc.
- Mudando sua carreira ou tendo grande potencial para desenvolvê-la.
- Transformando sua vida pessoal.
- Contribuindo para a sociedade ou a humanidade em geral.

Procuramos apresentar alguns exemplos; certamente você conseguirá pensar em outras maneiras pelas quais uma tarefa pode ser considerada impactante.

Como identificar se uma atividade tem essa característica? De modo geral, há duas formas de fazer isso:

Reveja sua lista de tarefas. Analise tudo o que você faz ou tem a fazer, questionando-se sobre cada tarefa: depois de uma semana ou um mês ela ainda será lembrada? Como essa tarefa vai melhorar minha carreira ou minha vida? Como ela pode me ajudar a alcançar minhas metas? As respostas a essas indagações lhe dirão quais tarefas terão mais impacto a longo prazo. Talvez esse processo pareça entediante, mas com a prática você conseguirá responder a essas perguntas em poucos minutos.

Planeje suas metas. Se você conseguir identificar o que deseja realizar no próximo ano, por exemplo, poderá planejar suas tarefas dia a dia de forma a se aproximar cada vez mais de seus objetivos. Digamos que você tenha três metas de longo prazo. Todos os dias, execute uma tarefa que possa aproximá-lo delas. Isso vai garantir que você realize a tarefa com mais entusiasmo, já que ela estará diretamente relacionada aos seus objetivos.

Quer saber qual dos dois métodos é o mais indicado? Aquele que funcionar melhor para você! Mas não é preciso escolher entre um e outro. Você poderá optar por uma combinação de ambos, se quiser. Anote suas tarefas cuidadosamente, caso contrário elas se acumularão em uma longa lista e aquelas que não estiverem relacionadas às suas metas irão se sobrepor às que estão.

Agora olhe sua lista de tarefas e escolha as que causam mais impacto, em vez de tentar lidar com todas elas, independentemente de quão significativas sejam para sua vida.

ESTABELECENDO LIMITES PARA CADA ÁREA DA SUA VIDA

Podemos aplicar as lições do haicai – estabelecer limites para nos forçar a fazer escolhas, optar pelo que é essencial e descobrir o poder de reduzir nossas atividades – não apenas à nossa lista de afazeres mas a todas as áreas da nossa vida. Está sobrecarregado? Estabeleça limites.

Você perde muito tempo com mensagens eletrônicas? Estabeleça um limite: verifique seus e-mails somente duas vezes por dia e só responda a cinco deles de cada vez. Isso o forçará a trabalhar de maneira mais eficiente e a escrever somente mensagens importantes.

Está envolvido em muitos projetos? Limite-se a três. Possui um excesso de coisas em casa? Fique apenas com uns duzentos itens. Acho que você já entendeu o que quero dizer.

Faça a si mesmo as perguntas abaixo para identificar o que precisa ser reformulado em sua vida:

- Que áreas da minha vida estão sobrecarregadas?
- O que eu gostaria de simplificar?
- Eu realmente quero limitar o número de coisas que possuo, de informações que recebo e de responsabilidades que tenho?

Essas são apenas perguntas preliminares. Nos próximos capítulos, vamos explorar mais a fundo essas ideias para descobrir o que é essencial e o que não é.

DOIS

A arte de estabelecer limites

A MAIORIA DE NÓS TEM uma vida lotada: informações além da conta, pessoas, atividades, objetos, lixo em demasia. Infelizmente, nosso tempo e nosso espaço são limitados, e ter qualquer coisa em excesso é como tentar colocar todos os livros de uma biblioteca em uma única caixa. Além de ser fisicamente impossível, não conseguimos apreciar nenhum deles e, mais cedo ou mais tarde, a caixa se romperá.

O problema está em viver sem limites. Quando vamos às compras sem saber quanto podemos gastar, acabamos endividados e adquirindo vários itens de que não precisamos. Mas se temos um limite para nossos gastos, compraremos apenas o necessário ou o que realmente queremos.

Toda a nossa vida hoje em dia é assim: sem limites. Apesar de essa liberdade parecer ótima a princípio, depois de um tempo ela se torna permissiva demais. Não temos mais espaço para nada, não sabemos como lidar com o estresse de tentar fazer tudo, não conseguimos encaixar tantas tarefas e obrigações dentro da nossa vida, mesmo querendo muito que isso seja possível.

Essa falta de limites nos enfraquece de várias maneiras. Suga nossa energia e eficiência e nos deixa vulneráveis, cansados, sem forças para fazer o que é realmente importante. Viver uma vida sem limites é como jogar um copo de tinta vermelha no oceano e ver a cor se diluir até desaparecer. Mas se temos noção de nossos objetivos e estabelecemos limites, agimos como quem derrama o mesmo copo de tinta vermelha em apenas um litro d'água.

Aprenda a concentrar seu foco dentro de certos limites e você aumentará sua força. Neste capítulo discutiremos o Princípio nº 1: Estabelecer limites.

COMO OS LIMITES NOS AJUDAM

Promovemos uma transformação incrível quando deixamos para trás uma vida desregrada, que nos sobrecarrega e não nos permite ser eficientes, e progredimos em direção a uma vida planejada.

Eis alguns dos benefícios de estabelecer limites:

- Tudo fica mais simples. A vida se torna mais fácil de ser administrada e menos estressante.
- Você consegue manter o foco. Em vez de dispersar sua atenção, você direciona sua energia para um número menor de coisas.
- Você se concentra no que é importante. Em vez de tentar fazer tudo e não ter tempo para o que realmente importa, você faz somente o que é significativo para você. Isso representa uma grande mudança para a maioria das pessoas.
- Você realiza mais. Muitas vezes, quando nos dedicamos a coisas em excesso, fazemos pouco progresso em projetos ou metas importantes. Mas, se nos concentramos somente nas tarefas relevantes (ou seja, no que é essencial), conseguimos realizar mais.
- As pessoas passam a compreender que seu tempo é valioso. Quando tentamos resolver tudo o que aparece na nossa frente, a mensagem que transmitimos aos outros é que o

tempo deles é mais importante que o nosso, e que sempre diremos "sim" a tudo o que nos pedirem. No entanto, quando temos limites definidos, deixamos claro que valorizamos nosso tempo e nossas prioridades. Assim, passarão a valorizar nosso tempo também.

- Você se torna mais eficiente. Executando menos tarefas inúteis e se dedicando mais a trabalhos de real importância, você se desgasta menos e pode usar seu tempo e sua energia em atividades que tenham um impacto mais duradouro. Isso ajuda você a organizar melhor seu tempo e a eliminar muita coisa desnecessária em sua vida.

O QUE PRECISA DE LIMITES

Que áreas de sua vida precisam de limites? Qualquer uma em que você se sinta sobrecarregado ou que precise melhorar.

Você não tem que mudar tudo de uma vez – eu diria que essa é uma receita mais para o fracasso que para o sucesso. Assumir compromissos demais seria a antítese do que este livro prega. Para conseguir estabelecer limites, comece com uma determinada área de sua vida – de preferência, uma em que haja grande chance de sucesso.

E por onde começar? Não há regras para isso, pois as pessoas são diferentes, e você deve determinar o que funciona melhor no seu caso. Pare por alguns minutos e reflita sobre sua vida. Que áreas consomem tempo demais ou parecem estar sobrecarregadas? O que você gostaria de simplificar? Aqui vão algumas ideias para você começar:

- A quantidade de e-mails que você envia e recebe.
- Suas tarefas diárias.
- O tempo gasto ao telefone.

- A quantidade de projetos em que está envolvido.
- O tempo gasto na internet.
- O excesso de coisas sobre sua mesa de trabalho.

Trata-se apenas de sugestões. Você aos poucos irá aumentar essa lista, expandindo-a para outras áreas. Lembre-se de se concentrar em uma mudança de cada vez até que ela se torne parte de sua rotina e você se sinta confortável com os limites estabelecidos.

COMO ESTABELECER LIMITES

Estabelecer um limite para alguma coisa pela primeira vez é algo arbitrário, pois você precisará de algum tempo para avaliar se ele realmente funciona. No entanto, também não é um ato aleatório, e sim uma atitude consciente, baseada em sua experiência naquele tipo de atividade e no que você considera ideal para esse caso específico.

Por exemplo, quando você determinar o número de vezes que vai checar seu e-mail, se escolher um número qualquer, isso pode representar algumas dezenas de vezes. Mas se esse número lhe parecer exagerado, você provavelmente o reduzirá, de acordo com sua experiência. Digamos que sua frequência habitual seja verificar sua caixa de entrada 10 a 15 vezes por dia, mas que considere isso excessivo, já que você gasta a maior parte do dia lendo e respondendo a mensagens em vez de fazer seu trabalho. Escolha, então, algo entre uma e cinco vezes. Talvez você chegue à conclusão de que duas vezes – uma pela manhã e outra antes de sair do escritório – seja o ideal.

O próximo passo é testar esse limite e ver se é adequado para você. Ele é coerente? Observe se não compromete sua comunicação e se lhe permite realizar mais tarefas.

Quando colocar esse limite em prática, use a primeira semana como experiência. Caso ele não se encaixe na sua realidade, ajuste-o. Se checar seus e-mails duas vezes ao dia não for suficiente, tente três. E se duas vezes for mais do que o necessário, reduza para uma única vez. Em seguida, teste o novo limite até chegar a uma frequência que o satisfaça e que se incorpore à sua rotina diária. Uma vez que o limite tiver sido transformado em hábito, passe para o próximo aspecto de sua vida que precisa de mudanças e estabeleça novos limites, seguindo os mesmos passos:

1. Analise a frequência (quantas vezes ao dia você faz a tarefa) e experimente diminuí-la baseando-se no que lhe parece ser o ideal.
2. Teste a nova frequência por uma semana e avalie se está dando bons resultados.
3. Caso não esteja funcionando, ajuste-a novamente e faça o teste por mais uma semana.
4. Continue ajustando o limite até que atinja o ponto ideal e se transforme em um hábito.

Depois de aprender a estabelecer limites, você descobrirá como tirar o melhor proveito deles. E é nesse momento que o poder do limite se tona visível: quando ele força você a reduzir tudo ao essencial.

TRÊS

Escolher o essencial e simplificar

Neste capítulo, discutiremos o Princípio nº 2 – Escolher o essencial – e o Princípio nº 3 – Simplificar. Escolher o que é essencial é um passo fundamental para simplificar as coisas, pois do contrário você poderá eliminar tarefas sem a garantia de estar mantendo o que é importante.

Mas como saber o que é essencial? Esta é uma pergunta-chave cuja resposta facilitará todo o resto.

Após descobrir o que é realmente relevante, você poderá reduzir seus projetos, suas tarefas, seus compromissos, o fluxo de informações que recebe e muito mais. Tudo o que você tem a fazer é eliminar o que não é fundamental.

NÃO PONHA A CARROÇA NA FRENTE DOS BOIS

A maioria das teorias sobre produtividade ensina a fazer as coisas de modo inverso ao que eu recomendo: elas sugerem que você faça tudo rapidamente sem pensar nas outras coisas que deveria estar fazendo, realize as tarefas urgentes e lide com muitas responsabilidades e um grande volume de informações. Mas essas teorias não separam o que é importante do que não é, e você acaba fazendo tudo o que lhe aparece pela frente – ou seja, fica submetido aos desejos e às solicitações de qualquer um.

Por isso, você deve sempre se questionar: o que é realmente essencial?

Não importa se você está pensando no que deseja fazer hoje, tentando decidir a que mensagens responder, o que comprar no mercado ou como limpar sua mesa de trabalho – pergunte-se o que é essencial.

Isso evitará que você coloque a carroça na frente dos bois. Identifique o que é importante e depois execute.

ESCOLHENDO O QUE É ESSENCIAL: QUESTIONAMENTOS QUE VOCÊ DEVE FAZER

Use o roteiro a seguir para identificar as tarefas mais importantes, principalmente quando estiver em dúvida. Quando você pegar o jeito, não precisará mais seguir esses passos, pois os questionamentos virão naturalmente.

1. **Quais são seus valores?** Valores são os preceitos que realmente importam para você. Pense nas qualidades que almeja e nos princípios que norteiam sua vida. Uma vez identificados esses valores, todos os seus atos e escolhas serão resultados naturais deles.

2. **Quais são suas metas?** O que você deseja para sua vida? O que pretende conquistar no próximo ano? Neste mês? E hoje? Se você definir claramente o que está tentando realizar, poderá determinar se um ato ou um item o auxiliará a alcançar seus objetivos.

3. **De que você realmente gosta?** Pense no que você aprecia, nas pessoas com quem procura passar seu tempo, nas coisas que adora fazer.

4. O que é importante para você? Seguindo os mesmos conceitos, liste as coisas mais importantes em seu cotidiano, em seu trabalho ou em qualquer outra área de sua vida.

5. O que causa mais impacto? Se você precisa fazer escolhas entre projetos e tarefas, pense naqueles que farão mais diferença em sua vida ou carreira. O que causará mais impacto? Por exemplo, se puder escolher entre dar um telefonema, participar de uma reunião e escrever um relatório, reflita sobre a importância de cada uma dessas tarefas. Suponhamos que o telefonema seja para responder à ligação de um cliente pequeno, que a reunião seja para fechar um grande negócio e o relatório seja algo que talvez ninguém leia. A reunião, neste exemplo, terá mais impacto e, por conseguinte, é mais essencial.

6. O que causará mais impacto a longo prazo? Há uma diferença entre a dimensão do impacto e seu valor a longo prazo. Por exemplo, o que é mais importante: aquela reunião para fechar um bom negócio ou uma campanha de marketing que poderá reestruturar a imagem da empresa? O impacto não precisa ser medido necessariamente em termos financeiros, mas sim em função do que tem valor para você.

7. Diferencie necessidades de desejos. Esse é um bom critério quando você tem que decidir se deve ou não gastar dinheiro com certos itens. Do que você realmente precisa e o que você simplesmente deseja ter? Ao identificar suas necessidades você conseguirá eliminar muitos de seus desejos supérfluos.

8. Evite o que não é essencial. Trabalhar por eliminação às vezes ajuda quando está difícil determinar o que é importante. Elabore uma lista de tarefas e comece a eliminar aquelas que não são essenciais. Lavar o carro não é tão importante quanto pagar as contas ou consertar um vazamento de água. Uma vez eliminados os itens não essenciais, sua lista terá apenas o que é realmente necessário.

9. Crie um processo contínuo de revisão. Na maioria das vezes, não conseguimos reduzir nossa lista logo na primeira tentativa. Após eliminar os itens supérfluos, faça um teste com os que restaram. Depois de uma ou duas semanas, revise a lista e talvez você elimine mais algumas coisas. Continue fazendo isso até ficar satisfeito e não precisar excluir mais nada.

COMO UTILIZAR ESSES QUESTIONAMENTOS

As dicas acima são de grande ajuda para determinar o que é essencial em qualquer área de sua vida. Identificar o que é de fato importante é o primeiro passo para você se tornar mais produtivo e simplificar tudo – seus projetos profissionais, suas finanças, suas metas, seus compromissos e até o excesso de coisas em sua casa.

O segredo é reservar alguns momentos (ou horas, ou dias, se necessário) para refletir sob uma perspectiva mais ampla. Seu foco está direcionado para o que é essencial? E o que é essencial? Você consegue eliminar tudo o que é desnecessário? Tire um tempo para fazer esse questionamento e verá como fica muito mais fácil ater-se ao que você precisa e deseja realizar, ao que é importante e merece sua atenção. Você gastará menos tempo em coisas que não são relevantes, que você não gosta de fazer e que não levam à realização de nenhuma de suas metas.

Relacionamos a seguir mais alguns itens que irão facilitar esses questionamentos. Nos próximos capítulos, discutiremos com mais detalhes cada um deles.

- **Compromissos de vida.** Que compromissos são extremamente necessários em sua vida? Recorra aos questionamentos que acabamos de discutir, principalmente aqueles relacionados a valores, metas e paixões, para reduzir seus compromissos não essenciais.
- **Metas anuais.** No início de cada ano, sempre nos sentimos inspirados a realizar muitas metas, mas raramente esse entusiasmo se mantém ao longo do ano. Sabe por quê? Porque planejamos coisas demais. Escolha uma ou duas metas para o ano e se concentre nelas. Use o questionamento acima para decidir quais são as mais importantes. Lembre-se de que você terá tempo depois para cuidar dos objetivos secundários.
- **Projetos profissionais.** Se sua lista de projetos e tarefas estiver muito longa, você deve simplificar e definir suas prioridades. Em que atividade você vai se concentrar esta semana? E hoje? Elimine o maior número possível de projetos e tarefas que não sejam primordiais. Os questionamentos sobre suas meta e o impacto de cada projeto são muito relevantes aqui.
- **E-mail.** Se você tiver 20 mensagens para responder, use a lista de questionamentos para ajudá-lo a escolher os cinco que responderá hoje. Preocupe-se com as outras amanhã ou, se puder, elimine-as.
- **Finanças.** O questionamento sobre necessidades x desejos é importantíssimo aqui. Se você alinhar seu dinheiro com suas metas e valores, cortará vários gastos desnecessários e sua vida financeira irá melhorar muito.
- **Excessos.** Acabe com todos os excessos utilizando o questionamento sobre necessidades x desejos, eliminando o que não é essencial e colocando em prática o processo de revisão. Assim, você será capaz de cortar tudo o que é supérfluo,

restringindo-se ao que é de fato necessário, àquilo que usa e que aprecia.

- **Revisão regular.** Escolher o que é essencial quase nunca constitui uma decisão única e final; requer uma revisão regular, pois surgem novos fatores, seus valores e metas mudam e você aprende a viver com cada vez menos. Se você examinar um aspecto de sua vida e eliminar o que não é importante, marque uma data em sua agenda para revisá-lo e mantenha esse processo de revisão regularmente.

Simplificar não significa deixar sua vida vazia, e sim abrir espaço para as coisas que você realmente deseja. Não se esqueça de definir quais são elas antes de começar a simplificar!

Princípio nº 3: Simplificar, eliminando o que não é essencial.

Na teoria, quando você identifica o que é essencial, a tarefa de simplificar se torna bastante fácil – você só terá que eliminar tudo o que *não* é essencial. Mas, na prática, não é bem assim. A boa notícia é que, com o tempo, a teoria se torna a prática.

Digamos que você já tenha identificado as três tarefas mais importantes de sua lista. Para simplificar o restante dela, o primeiro passo será riscar o maior número de atividades não essenciais. A seguir, veja se é possível delegar algumas a seus colegas de trabalho, ou então se pode adiar outras que, apesar de serem importantes, não precisam ser feitas necessariamente hoje.

O grande desafio de simplificar é lidar com pessoas que insistem em que você faça alguma coisa que não considera essencial. Você vai precisar aprender a dizer "não". Falaremos mais sobre isso nos próximos capítulos, mas vale adiantar que dizer "não" significa simplesmente manter seu compromisso com o que é essencial. Significa mostrar aos outros que você não tem tempo para outras tarefas além daquelas com as quais já está comprometido. E dizer "não" se torna mais fácil à medida que você toma consciência de que se ater ao que é essencial traz grandes benefícios a longo prazo. Além disso, as pessoas começarão a respeitá-lo por ser sincero sobre os compromissos que pode assumir sem se sobrecarregar. Elas só respeitarão seu tempo se você aprender a respeitá-lo primeiro.

QUATRO

Manter o foco

"Não tenho qualquer compromisso com o passado. Nem com o futuro. Eu vivo o agora."

RALPH WALDO EMERSON

O Princípio nº 4 diz que o foco é sua ferramenta mais importante. Mantenha o foco em "menos" para se tornar mais eficaz; mantenha o foco na sua principal meta para conseguir alcançá-la; mantenha o foco na tarefa que está desenvolvendo agora para ser mais produtivo; e mantenha o foco no presente para reduzir a ansiedade e o estresse.

Princípio nº 4: Manter o foco é sua ferramenta mais importante para se tornar mais eficaz.

COMO UTILIZAR O FOCO PARA MELHORAR SUA VIDA

Antes de tudo, vamos ver como usar o poder do foco de diversas maneiras.

- **O foco em uma meta.** O foco é o fator mais importante para se atingir uma meta ou se criar um novo hábito. Você pode achar que o mais importante é disciplina, recompensa, força de vontade ou motivação, mas não é. Se você mantiver o foco na meta ou no hábito que quer criar, provavelmente vai conseguir atingir seu objetivo. Se não, suas chances de sucesso serão poucas. Simples assim.

- **O foco no "agora".** Concentrar-se no presente pode fazer muito por você: reduz seu nível de estresse, o ajuda a desfrutar a vida mais plenamente e o torna mais eficaz. Viver o agora, em vez de viver o passado ou o futuro, não é fácil e requer bastante prática.
- **O foco na tarefa em questão.** Você já ficou envolvido em alguma tarefa a ponto de ter a sensação de que nada mais existia ao seu redor? Esse é o conceito de "estado de fluxo", ingrediente básico da receita de felicidade. Ter um trabalho e um lazer que o façam se sentir assim o leva a um estado de felicidade plena. Ao contrário do que se pensa, as pessoas não se sentem mais satisfeitas quando estão à toa, e sim quando um desafio absorve todos os seus sentidos. O primeiro passo é identificar uma atividade que você realmente ame realizar. Depois elimine tudo o que pode distraí-lo e mantenha o foco na tarefa em que se envolveu.
- **O foco no que é positivo.** Uma habilidade valiosa é ter consciência de seus pensamentos negativos e substituí-los por pensamentos positivos. Quando às vezes perdemos o entusiasmo por nossos objetivos, se não tomarmos consciência dos pensamentos negativos a tempo, eles podem se desenvolver e nos levar a desistir de tudo. Portanto faça o contrário: aprenda a se concentrar no positivo. Pense que se outras pessoas conseguem fazer isso, você também é capaz. Imagine como você se sentirá bem ao realizar a tarefa em que está envolvido. Aprenda a ver o lado bom das coisas. Para mim, não pensar em dificuldades ou em experiências negativas sempre resultou em grande felicidade. Seja grato pelo que você sempre recebeu.

MANTENDO O FOCO EM UMA ÚNICA TAREFA DE CADA VEZ

Vivemos em um mundo de multitarefas. Você está trabalhando em dois projetos ao mesmo tempo e seu chefe lhe atribui mais duas responsabilidades. Enquanto está ao telefone, três novas mensagens chegam. Você sai do escritório pensando em passar no supermercado a caminho de casa e comprar alguma coisa para o jantar.

Você se tornou um ágil e rápido malabarista disposto a dar conta de todas as suas tarefas, um grande representante desta era da internet.

A tecnologia instantânea de hoje nos bombardeia com um excesso de informações e solicitações, o que acaba tomando todo o nosso tempo. Mas não fomos projetados para lidar com essa sobrecarga, e logo nos sentimos aprisionados por tantos compromissos, com a sensação de que vamos entrar em colapso.

Em vez de adotar esse sistema multitarefa, sugiro que você trabalhe em uma tarefa de cada vez, simplificando tudo ao máximo, para preservar sua saúde mental e melhorar sua produtividade. Veja algumas razões para não fazer várias coisas ao mesmo tempo:

1. O sistema multitarefa é menos eficiente, pois constantemente precisamos "trocar de marcha" para passar de uma atividade a outra e logo em seguida voltar à anterior.
2. Além de ser complicado, esse sistema nos deixa mais suscetíveis a erros e ao estresse.
3. Esse sistema é enlouquecedor, e no mundo já caótico em que vivemos, precisamos evitar o estado de constante sobressalto e encontrar um oásis de sanidade e calma.

Compare as razões acima com um sistema de tarefa única.

1. Logo cedo, dedique-se à sua Tarefa Mais Importante. Não faça mais nada antes de completá-la. Após uma pausa, inicie sua Segunda Tarefa Mais Importante. Se conseguir completar duas ou três dessas tarefas no período da manhã, o resto do dia transcorrerá de modo mais tranquilo.
2. Quando se dedicar a uma tarefa por um tempo definido, elimine toda e qualquer fonte de distração. Feche seu e-mail e a internet também, se possível. Desligue o celular e tente não atender ao telefone. Mantenha o foco em sua tarefa e tente completá-la sem se preocupar com outras coisas.
3. Se você realmente precisar checar seu e-mail ou passar para outra atividade, pare, respire fundo e reoriente seu foco. Depois volte ao que estava fazendo.
4. Se outras solicitações aparecerem durante seu trabalho, deixe-as na caixa de entrada ou faça anotações em um bloco de papel. Volte a concentrar-se na tarefa que estava realizando.
5. Somente após ter completado a tarefa, verifique seus e-mails e suas anotações, acrescentando as novas tarefas à lista e reagendando o que for necessário. Configure seu programa de e-mails para receber mensagens em intervalos regulares e predeterminados.
6. Às vezes, uma interrupção é tão urgente que você não pode esperar até completar sua tarefa. Nesses casos, anote em que estágio você parou (se tiver tempo para isso), reúna todos os documentos ou anotações que estava utilizando e guarde tudo em uma pasta denominada "Projetos em andamento" ou "Pendências". Quando você retomar a tarefa, poderá continuar de onde parou.
7. De tempos em tempos, respire fundo e se alongue várias vezes. Desfrute do que a vida lhe oferece, mudando um

pouco de ambiente, olhando a paisagem. Cuide de sua sanidade mental.

COMO MANTER O FOCO NO PRESENTE

Além de aprender a manter o foco em uma só tarefa, você também deve aprender a manter o foco no presente – e não no passado ou no futuro – para se tornar mais calmo, produtivo e saudável.

E a única maneira de conseguir isso é praticando. Pode parecer complicado no início, sua mente pode divagar ou então tomar o caminho do "metapensamento" e ficar refletindo sobre o que você está pensando, se está pensando de modo correto, se há um meio melhor de pensar... e assim por diante, até que você não esteja mais no presente. Mas é normal e acontece com todo mundo.

Não se recrimine por isso nem se sinta desmotivado. Simplesmente comece a praticar: de manhã, na hora do almoço, durante uma caminhada, enquanto estiver lavando a louça. Pratique em qualquer oportunidade que tiver. Você se surpreenderá com os resultados.

Sugiro algumas das melhores formas que conheço de praticar esse princípio:

1. Quando estiver comendo, apenas coma. Faça uma coisa de cada vez. Quando estiver comendo, não leia ou pense sobre qualquer outra coisa. Simplesmente coma. Preste atenção no que está comendo e saboreie os alimentos, sinta sua textura. Vagarosamente. Faça o mesmo com qualquer outra atividade, seja lavar roupa, tomar banho, dirigir, trabalhar ou praticar um esporte. Não faça várias coisas ao mesmo tempo – faça somente o que você estiver fazendo, nada mais.

2. Mantenha-se consciente. Outra importante técnica é tornar-se mais consciente de seus pensamentos. Será inevitável pensar sobre o passado e o futuro. Isso não é problema, mas tenha consciência desses pensamentos. A consciência trará as mudanças.

3. **Seja gentil consigo mesmo.** Quando você se pegar pensando no passado ou no futuro, não se culpe. Não tente arrancar seus pensamentos da cabeça. Apenas reconheça-os e permita que se dissipem. E então traga sua consciência de volta ao presente.

4. **Exercite-se.** O exercício físico é a minha forma de meditação. Gosto de correr e, quando estou correndo, tento manter o foco apenas no movimento, na minha respiração, no meu corpo, em mais nada além do presente. Esta é uma excelente prática.

5. **Concentre-se nas rotinas diárias.** Tudo pode ser uma forma de meditação - lavar a louça, por exemplo. Quando estiver caminhando, mantenha o foco na caminhada. Transforme toda atividade diária em uma prática de meditação.

6. **Use lembretes.** Colocar um lembrete na porta da geladeira ou na tela do computador é uma ótima técnica também. Você ainda pode usar um sistema de lembretes por meio de seu e-mail, ou qualquer outro método que o ajude a manter o foco na prática de estar presente.

7. **Não tema o fracasso.** Você inevitavelmente vai cometer erros, mas tudo bem. A única coisa que importa é praticar sempre. Com o tempo, aprenderá a manter o foco no presente com mais frequência do que agora. Praticar, por si só, já é um sucesso; portanto comemore cada pequena vitória.

8. **Não pare de praticar.** Quando você se sentir frustrado, respire fundo. E toda vez que se perguntar "O que devo fazer agora?", a resposta será sempre "Não pare de praticar".

CINCO

Criando novos hábitos

O Princípio nº 5, Criar novos hábitos, é o segredo para efetivar as mudanças permanentes que transformarão sua vida. Você encontrará várias recomendações para mudança de hábito ao longo deste livro, mas se tentar incorporar todas de uma só vez, ficará sobrecarregado e seu foco irá se dissipar. E, em poucas semanas, todas as mudanças que você vier a implementar fracassarão.

Princípio nº 5: Criar novos hábitos, visando a melhorias permanentes.

A única maneira de criar hábitos duradouros é aplicar "o poder do menos": manter o foco em um novo hábito de cada vez, de modo a canalizar suas energias para a formação dele.

Uma ferramenta poderosa que você pode usar para formar um novo hábito é o que eu chamo de "Desafio". Essa estratégia dura 30 dias e funciona assim:

1. **Escolha um hábito para ser seu Desafio.** Você pode adotar qualquer hábito, mas somente um por mês – aquele que terá mais impacto em sua vida.

2. Tome nota de seu plano. Você precisará especificar por escrito qual será sua meta para cada dia, em que momento a realizará, qual será sua "deixa" (a ação imediatamente anterior ao hábito que já faz parte da sua rotina, como, por exemplo, se exercitar logo depois de escovar os dentes) e com quem você compartilhará sua meta e seus progressos.

3. Compartilhe sua meta. Conte ao maior número possível de pessoas que você está tentando criar um novo hábito. Pode ser por meio de um fórum on-line ou de um e-mail para colegas de trabalho, familiares e amigos. Qualquer forma de espalhar a notícia é válida.

4. Faça um relatório diário de seus progressos. Todos os dias, conte a todas as pessoas do grupo quais foram os sucessos ou insucessos que você obteve.

5. Comemore o novo hábito. Passados 30 dias, você terá formado o novo hábito. Ainda vai precisar ter o cuidado de praticá-lo todos os dias, embora ele já possa estar incorporado à sua vida.

POR QUE ESTE MÉTODO FUNCIONA

O Desafio é uma das melhores formas de criar um novo hábito, pois já provou sua eficácia por diversas razões:

- **Comprometimento.** O simples ato de se comprometer com o Desafio, de estabelecer uma meta e de compartilhá-la com um grupo já é, em si, um enorme passo em direção ao sucesso.
- **Compromisso.** A obrigatoriedade do registro faz você ter vontade de praticar seu novo hábito, pois assim poderá com-

partilhar seu sucesso com os outros. Temos uma sensação muito positiva de recompensa quando contamos aos outros que conseguimos cumprir nossas metas.

- **Incentivo.** É igualmente importante compartilhar suas dificuldades. Por exemplo, durante um Desafio, fiquei doente por alguns dias e pedi ao grupo que me motivasse. Todos me deram força e consegui retomar meu hábito.
- **Inspiração.** Quando você vê todos à sua volta se saindo bem, isso o inspira. Se eles conseguem, você pode conseguir também! Sempre há pessoas inspiradoras nos grupos de Desafio.

Recomendo firmemente que você forme um grupo, seja on-line ou não, para ajudá-lo a manter seus novos hábitos. Existem diversos fóruns e comunidades na internet que fazem esse tipo de coisa. O poder de um grupo é capaz de alavancar sua capacidade de mudar seus hábitos.

AS REGRAS

Há apenas algumas regras que você precisará seguir para tornar seu Desafio um sucesso. Se obedecê-las, provavelmente irá conseguir formar um novo hábito ao final de 30 dias.

- **Concentre-se em apenas um hábito de cada vez.** Não quebre esta regra. Posso garantir que se você tentar criar múltiplos hábitos de uma só vez, suas chances de sucesso serão bem menores. Acredite, já tentei fazer isso. E minha experiência provou o risco de 100% de insucesso ao tentar criar vários hábitos ao mesmo tempo, contra 50% a 80% de chance de sucesso ao tentar implementar um de cada vez. Naturalmente, essa porcentagem também depende de você observar as seguintes regras:

- **Escolha uma meta fácil.** Não tente fazer algo muito difícil, pelo menos por enquanto. Mais tarde, quando já estiver craque nesse processo, poderá tentar implementar mudanças mais complexas. Mas, por enquanto, escolha algo que você acredita conseguir realizar facilmente todos os dias. Se você acha que pode se exercitar diariamente durante 30 minutos, comece com 10 minutos. Ter uma meta simples é uma das formas mais garantidas de atingir o sucesso.
- **Escolha algo mensurável.** Você deverá ser capaz de saber, objetivamente, se foi bem-sucedido ou não em realizar a meta diariamente. Se você escolheu fazer ginástica, estabeleça um tempo específico - por exemplo, 10 minutos por dia. Qualquer que seja a sua meta, torne-a mensurável.
- **Seja consistente.** Pratique seu novo hábito no mesmo horário todos os dias, se possível. Se sua meta é fazer ginástica, determine o horário das sete horas da manhã ou das seis da tarde, por exemplo. A consistência facilitará o hábito.
- **Compartilhe os resultados diariamente.** Você pode compartilhar seus resultados com o grupo a cada dois ou três dias, mas suas chances de sucesso serão maiores se o fizer diariamente.
- **Mantenha uma atitude positiva.** Insucessos são comuns. Simplesmente tome ciência deles e siga em frente.

12 HÁBITOS-CHAVE COMO PONTO DE PARTIDA

Para começar, você pode escolher qualquer um dos hábitos mencionados neste livro – desde que seja aquele que mais benefícios trará para sua vida e/ou seu trabalho. Mas se eu tivesse que recomendar 12 hábitos como ponto de partida (um para cada mês do ano), sugeriria os desta lista, pois são os que mais costumam fazer diferença na vida das pessoas:

1. A cada manhã, determine quais serão suas três tarefas mais importantes.
2. Mantenha o foco em uma única ação de cada vez, e não a alterne com outras atividades.
3. Esvazie sua caixa de entrada.
4. Verifique seu e-mail somente duas vezes ao dia.
5. Exercite-se de cinco a dez minutos todos os dias.
6. Trabalhe sem distrações, desligando todos os equipamentos eletrônicos.
7. Siga uma rotina matinal.
8. Coma frutas e verduras todos os dias.
9. Mantenha sua mesa de trabalho sempre organizada, sem excessos.
10. Diga não a compromissos e solicitações que não sejam essenciais.
11. Dedique 15 minutos por dia a descartar tudo o que há em excesso em sua casa.
12. Estabeleça o limite de cinco linhas para cada e-mail que escrever.

SEIS

Comece com pouco

Embora você já possa ter obtido um nível de sucesso satisfatório seguindo os cinco primeiros princípios deste livro, o Princípio nº 6, Começar com pouco, é uma forma de garantir suas chances de ser bem-sucedido em todas as outras mudanças que deseja implementar.

Princípio nº 6: Começar com pouco – inicie um novo hábito gradualmente para garantir seu sucesso.

Geralmente as pessoas ficam bastante entusiasmadas com a ideia de fazer mudanças, por isso, seus primeiros passos são sempre carregados de grandes ambições.

O problema é que esse entusiasmo se esvai em uma ou duas semanas, e a meta acaba fadada ao fracasso. Isso também acontece com quase todas as promessas de ano-novo: as pessoas iniciam o ano cheias de euforia e expectativas, mas, no final de janeiro, esse sentimento já se perdeu.

A solução para isso é começar com pouco. Siga este princípio em tudo o que você fizer – em relação às suas metas, a todas as mudanças de hábito e a qualquer transformação em sua vida.

Já comprovei a eficácia dessa estratégia diversas vezes. Sempre que iniciei um programa de exercícios, comecei com uma carga bem fácil, mesmo sabendo que seria capaz de aguentar um treino mais puxado. Quando quero criar um novo hábito, inicio o processo com uma mudança pequena, apesar de crer que daria para mudar mais. Ao decidir acordar mais cedo, passei a levantar apenas 15 minutos antes.

POR QUE COMEÇAR COM POUCO FUNCIONA

Às vezes, as pessoas pulam o Princípio nº 6 por não entenderem sua importância. Veja as principais razões pelas quais começar com pouco realmente dá certo:

- **Define seu foco.** O foco, conforme discutimos ao abordar o Princípio nº 4, é incrivelmente importante para realizar qualquer coisa. Se você iniciar uma nova empreitada ou uma mudança de vida tentando abraçar muitas coisas de uma só vez, dissipará seu foco e reduzirá sua eficácia. Mas se começar com pouco, terá um foco mais definido.
- **Mantém sua energia e seu entusiasmo por mais tempo.** Iniciar com menos do que você poderia realizar o ajuda a armazenar seu vigor, assim como um reservatório retém a água. Isso vai garantir que você não desperdice toda a sua energia no início do processo.
- **É mais fácil de lidar.** Quanto mais fácil for uma meta, melhor, principalmente no início. Se a mudança que está tentando implementar for difícil de manter, você, inconscientemente, aumentará suas chances de fracasso.
- **Garante o sucesso.** Escolha algo simples para que seu sucesso seja praticamente garantido. Claro, um pequeno sucesso não é tão gratificante quanto uma grande vitória, mas só

parecerá pequeno no início. Começando com um êxito modesto, você poderá desenvolvê-lo progressivamente, até obter vários pequenos sucessos que, somados, constituirão a grande vitória. E isso é muito melhor do que um grande fracasso.

- **Traz mudanças graduais, porém duradouras.** Imagine uma dieta rigorosa, daquelas bem drásticas, que fazem perder 20kg em dois meses. No início, a pessoa se sente incrível, mas, na maioria das vezes, acaba engordando tudo novamente. Por outro lado, em uma mudança mais gradual – talvez emagrecendo 1kg por semana –, os quilos perdidos raramente voltam. Esse fato foi comprovado em inúmeros estudos sobre perda de peso e se aplica a qualquer tipo de mudança. Introduza mudanças graduais porém contínuas e você terá mais chance de manter o novo hábito do que se implementar uma única grande mudança.

COMO APLICAR ESSE PRINCÍPIO

A que situações você pode aplicar esse princípio? Todas. Em qualquer mudança de hábito, em toda meta ou projeto, comece com pouco.

Aqui vão alguns exemplos:

- **Exercícios.** Comece com 5 a 10 minutos por dia, em vez de 30 minutos.
- **Acordar cedo.** Acorde 15 minutos mais cedo, em vez de uma hora ou duas.
- **Produtividade.** Tente manter a concentração em uma única tarefa por 5 ou 10 minutos de cada vez.
- **Gerenciar seu e-mail.** Limite-se a verificar seu e-mail menos vezes do que faz agora.

- **Alimentação saudável.** Introduza uma pequena mudança em seus hábitos alimentares, em vez de fazer uma dieta radical.
- **Um projeto importante.** Comece por uma tarefa de menor porte, evitando lidar com tudo ao mesmo tempo. A seguir, dedique-se a outra pequena tarefa, e assim por diante.
- **Eliminar os excessos.** Em vez de tentar arrumar toda a casa ou o escritório, concentre-se em organizar apenas uma gaveta por dia.

PARTE II

A PRÁTICA

SETE

Metas e projetos simples

Quando estabeleço metas, sou tão ambicioso quanto qualquer outra pessoa. Sempre tenho vários objetivos que gostaria de realizar no trabalho e na vida pessoal, como aprender um novo idioma e correr uma maratona. Apesar do entusiasmo que tenho ao estabelecer e perseguir uma meta, minha lista de projetos futuros sempre cresce mais rapidamente do que meu progresso em qualquer um desses objetivos.

Estabelecer metas é fácil; o difícil é cumpri-las quando representam algo muito importante.

Alcançar uma meta requer energia, foco e imaginação, três combustíveis que em geral são encontrados em pequenas reservas dentro de cada um de nós, independentemente da razão que nos move. Ter muitos objetivos ao mesmo tempo dispersa nossa concentração, e nossas fontes de combustível rapidamente se esgotam nas primeiras semanas de entusiasmo. As metas, então, permanecem em nossa lista, acumulando poeira, enquanto nos sentimos culpados por não atingi-las.

A ideia de "fazer menos" é perfeita para esses casos, pois quando você limita sua quantidade de metas, realiza mais.

O SISTEMA DE META ÚNICA

Esse sistema é simples: basta direcionar seu foco para uma única meta para aumentar suas chances de alcançá-la. Dividindo-a em etapas concretas, você vai se concentrar em uma submeta de cada vez.

1. **Selecione uma meta.** Faça uma lista de tudo o que você gostaria de realizar nos próximos anos. Podem ser 10, ou 20 coisas. Você poderia tentar trabalhar em todas elas ao mesmo tempo, ou ainda assumir tantas metas quantas conseguisse. Mas qualquer dessas opções diluiria sua eficiência em tentar cumpri-las. Portanto, selecione apenas uma e concentre-se inteiramente nela até poder riscá-la da lista.

Recomendo que você escolha uma meta que queira muito atingir – quanto mais forte seu desejo, maior a probabilidade de você se dedicar a ela até finalizá-la. Não basta pensar "Ah, como seria bom se eu conseguisse fazer isso". Você deve querê-lo com tanta intensidade a ponto de tornar isso sua prioridade nº 1 nos próximos meses.

Sugiro também que essa meta demore de seis meses a um ano para ser cumprida. Se ela se estender por mais tempo, você poderá ter dificuldade de manter o foco, e isso irá cansá-lo. Por outro lado, se levar menos de seis meses, talvez não seja algo tão importante que compense o esforço.

E se você desejar muito alguma coisa que possa levar mais de dois anos para acontecer? Divida a meta em submetas, de modo que a primeira delas requeira algo em torno de um ano. Por exemplo, se você quer se tornar advogado, precisa entrar na faculdade, cursar quatro anos e depois passar no exame da OAB. Sua primeira submeta será passar para uma boa faculdade, algo realizável em seis meses ou um ano.

2. Divida sua meta em submetas. Uma vez escolhida "A Meta", o próximo passo é dividi-la em submetas que possam ser realizadas em um ou dois meses. Usando o exemplo anterior, sua primeira submeta poderá ser pesquisar as melhores faculdades de direito, selecionar cinco e reunir todas as informações necessárias sobre cada uma delas. Você pode chamar essa etapa de "Concluir pesquisa sobre as cinco melhores faculdades de direito".

A função de uma submeta é criar fases curtas que possam ser finalizadas rapidamente. Se não dividir seu objetivo em pequenas etapas, você poderá se sentir sobrecarregado por algo grande e abrangente demais. Por exemplo, você não conseguirá passar no vestibular para a faculdade de direito hoje, então divida essa meta em fases exequíveis.

3. Metas semanais. A cada semana, estabeleça uma subsubmeta que o ajude a completar sua submeta. Retomando o exemplo, você pode ter como meta semanal reunir informações sobre as faculdades de direito, entrar em seus websites, etc.

4. Ações diárias. Escolha a cada manhã uma ação que o impulsione rumo à meta semanal, elegendo-a sua tarefa mais importante do dia. Realize-a antes de qualquer outra coisa e, assim, você manterá seu foco em sua meta e evitará que outras ocorrências mais urgentes o forcem a postergá-la.

Na prática, todo esse processo é bastante simples. Resumindo: você determina "A Meta" para o ano (você pode fazer isso a qualquer momento, não precisa esperar até janeiro); estabelece uma submeta que levará de um a dois meses; cria uma meta semanal; e, em seguida, escolhe uma determinada ação que se tornará sua prioridade a cada dia.

Esse sistema de meta única manterá seu foco no movimento diário rumo à realização plena de sua meta, evitando que você disperse sua atenção e permitindo que direcione toda a sua energia para esse fim.

A LISTA SIMPLIFICADA DE PROJETOS

Se você ainda não tem uma lista de projetos, sugiro que elabore uma bem simples e direta agora mesmo. Enumere todos os projetos que estão em andamento, incluindo os profissionais, pessoais, domésticos, civis, etc. Qualquer coisa que levaria um dia ou mais para ser realizada, ou, se quiser, até mesmo algo que levaria duas horas. É importante ressaltar que um projeto compreende várias tarefas.

Quantos itens, então, sua lista possui? Se você for como a maioria das pessoas, terá entre 10 e 20, mas se for alguém muito ocupado ou com muitas responsabilidades, talvez tenha mais itens. Mas isso não é bom. Ter projetos em demasia acaba gerando ineficácia.

O próximo passo talvez soe um pouco desafiador: escolha três projetos prioritários. Não estou dizendo para você escolher três de cada área de sua vida – são três projetos no total.

Essa é sua Lista Simplificada de Projetos. Todos os outros projetos irão para outra lista, que denominaremos de Lista de Projetos Agendados. Eles ficarão em uma lista de espera até que você tenha finalizado os três projetos mais importantes.

Você não deverá passar um projeto da Lista de Projetos Agendados para a Lista Simplificada até que os três prioritários tenham sido finalizados. Preste atenção: todos os três, e não apenas um. Qual a razão desta recomendação? Isso irá garantir que nenhum deles fique inacabado quando você transferir um novo projeto para a Lista Simplificada. Além disso, vai assegurar que você mantenha o foco na conclusão dos três projetos, e não somente de um ou dois.

Esses três projetos deverão receber todo o seu foco até serem concluídos, e só então você deverá transferir para a Lista Simplificada outros três, que irão absorver sua atenção até estarem plenamente realizados.

Recomendo que pelo menos um de seus três projetos prioritários esteja sempre relacionado com "A Meta" para facilitar seu progresso em direção a ela. Os outros dois poderão estar ligados a uma meta profissional e a uma meta pessoal, mas essa decisão é sua.

Mas por que não ter um único projeto? Se a limitação do foco a três projetos o torna mais eficaz, ter um único projeto o tornaria ainda mais eficiente, certo? Esta proposição soa bastante lógica, principalmente porque eu mesmo recomendei que você tivesse somente um objetivo, que chamei de "A Meta".

No entanto, o que acontece na realidade é que quase todo projeto exige que esperemos por informações, por outras pessoas que devem executar determinadas tarefas, por vendedores ou clientes que precisam fazer alguma coisa. Raramente conseguimos iniciar um projeto e trabalhar nele ininterruptamente até o fim, sem ter que depender de mais ninguém. Caso isso seja possível, vá em frente e dedique-se a um único projeto, sem voltar sua atenção para mais nada até que ele esteja finalizado.

Infelizmente, quase nunca é assim. Precisamos aguardar algo ou alguém até que possamos passar para a próxima etapa. Então acabamos nos dedicando a múltiplas atividades. Enquanto um projeto fica à espera por algumas horas ou alguns dias, voltamos nossa atenção para outro. Por esta razão, cheguei à conclusão de que trabalhar em três projetos é a melhor solução para nossa vida tão cheia de afazeres. Mas lembre-se: assumir mais de três projetos irá reduzir sua eficácia.

Para esse sistema funcionar, um projeto deverá levar uma semana ou duas para ser finalizado, e nunca mais de um mês.

Divida projetos longos em etapas menores que podem ser finalizadas nesse tempo. Se o seu plano é lançar uma revista, mantenha seu foco inicialmente no design, em seguida em reunir a equipe de trabalho, depois em conseguir parcerias, e assim por diante.

FOCO NA FINALIZAÇÃO

Quando administramos projetos, é comum perdermos o foco nas prioridades, pois nos envolvemos em organizar as ações, fazer listas de tarefas, criar cronogramas, delegar responsabilidades, agendar reuniões, enviar e-mails, contatar pessoas, etc.

Todavia, o verdadeiro foco de um projeto deveria ser sua conclusão. A cada dia, mantenha seu foco em dar mais um passo para concluí-o. Evite distrações e direcione sua energia para um projeto de cada vez – lembrando-se de que você pode alternar entre os três prioritários quando for necessário. Mas, no momento em que estiver se dedicando a um deles, seu foco deverá estar voltado apenas para ele e para sua conclusão.

Aqui vão algumas dicas para auxiliá-lo nesse direcionamento:

- **Tenha expectativas.** Como você vai saber que um projeto está concluído? Estabelecendo um resultado claro e bem definido. Visualize como o projeto vai ficar depois de terminado. Descreva isso em poucas palavras ao lado do título do projeto em sua Lista Simplificada.
- **Transforme projetos em tarefas.** Na verdade, não executamos projetos, e sim tarefas. Um dos primeiros passos em qualquer projeto, após a criação de um enunciado claro dos resultados almejados, é listar todas as tarefas necessárias para sua conclusão. Selecione a primeira tarefa, dedique-se a completá-la e só então direcione seu foco para a próxima

tarefa da lista. E assim por diante, até que todas estejam finalizadas. Mas lembre-se – uma de cada vez.

- **A cada dia, escolha uma tarefa que leve à finalização do projeto.** Todas as manhãs escolha as três tarefas mais importantes que devem ser concluídas ao longo do dia. Se você conseguir realizá-las, independentemente de qualquer outra coisa, terá feito um bom trabalho. E lembre-se de que pelo menos uma delas deve estar relacionada a um de seus projetos – e, se possível, todas as três. Essa disciplina promoverá seu progresso em direção à conclusão de seu projeto.
- **Avalie seu progresso.** Podemos facilmente nos distrair e dar outro rumo a um projeto. Para manter-se no caminho certo, repasse seus projetos uma vez por semana e avalie quanto você já avançou em direção à finalização deles e o que ainda precisa ser feito. Se você perceber que seu foco está voltado para algo que não promove o progresso de seu projeto, redirecione sua atenção.

E SE EU NÃO PUDER CONTROLAR MINHA LISTA DE PROJETOS?

Se você tiver sorte, poderá ter total controle de sua lista – escolherá em quais projetos trabalhar e a quantidade de tarefas às quais vai se dedicar num determinado momento. Infelizmente, nem todos temos essa sorte. Conheço bem as frustrações de trabalhar para outra pessoa e de receber ordens sobre o que devemos fazer. Por vezes, nossos superiores podem ser um tanto neuróticos em controlar nosso trabalho, para que consigam concluir seus próprios projetos; mas isso não é o ideal para nós.

E mesmo quando tentamos limitar nossos projetos a apenas três, de modo a aumentar nossa eficácia, nem sempre o conseguimos, pois nosso chefe descarrega uma pilha de outros projetos sobre nossa mesa exigindo que sejam finalizados imediatamente.

Felizmente, você pode lançar mão de algumas estratégias para limitar o número de projetos aos quais se dedicar, mesmo não tendo controle total sobre sua lista de afazeres. Nem todas estas estratégias se aplicarão a você, portanto escolha a que se encaixa melhor em sua realidade e tente colocá-la em prática:

1. **Faça sua própria lista de projetos.** Às vezes, é melhor pedir desculpas do que pedir permissão. Isso significa que você deve fazer o que acha certo e avisar seu chefe sobre essa decisão depois, quando tiver conseguido bons resultados. É claro que essa estratégia funciona melhor com chefes que não são muito controladores e não pedem relatórios sobre o progresso do trabalho a toda hora. Se você puder se dedicar a seus próprios projetos, mantendo todo o foco nos três mais importantes por alguns dias, ou até por uma semana, essa estratégia poderá dar certo. Quando estiver tudo terminado, você poderá explicar esse sistema de trabalho ao seu chefe. Se preferir, não precisa mencionar isso; simplesmente continue agindo assim. Talvez ele não se importe com os métodos que você utiliza, desde que você finalize suas tarefas.

2. **Adie.** Se seu chefe obriga você a trabalhar em mais de três projetos de cada vez e fica constantemente verificando seu progresso, a estratégia de adiar talvez funcione. Você ainda vai manter o foco nos três projetos prioritários e tentar concluí-los o mais rápido possível. Mas, até tê-los finalizado, adie qualquer outro. Peça extensão de prazo, delegue algumas tarefas de modo que o projeto se atrase um dia ou dois, ou então diga a verdade – que você não conseguiu se dedicar ao tal projeto porque estava trabalhando em outros que já estavam em andamento.

3. Explique seu método de trabalho ao seu chefe. Em minha opinião, essa é a melhor estratégia e se você puder utilizá-la, seria muito recomendável. Eis como funciona: sente-se com seu chefe e explique seu método de trabalho, a Lista Simplificada de Projetos. Mostre como a lista torna seu trabalho mais eficiente e que seus projetos têm muito mais chance de dar certo com os limites que você estabelece. Talvez seu chefe considere três projetos muito pouco, mas mesmo assim mantenha seu sistema.

4. Peça que seu chefe escolha os projetos prioritários. Se nenhuma das estratégias acima funcionar e seu chefe adicionar mais projetos à sua lista e quiser que você trabalhe em todos ao mesmo tempo, você precisará ser honesto e direto com ele. Você só dispõe de oito horas por dia e não pode fazer tudo de uma vez. Explique-lhe que ele pode escolher em seu lugar a quais projetos você se dedicará. Mostre-lhe os projetos que ele lhe designou, assim como todos os itens em sua lista, e diga que você só tem tempo para se dedicar a três deles no momento. Deixe que ele selecione os três mais importantes. Assegure-o de que você completará os três, e que em seguida irá pedir que ele escolha os próximos, e assim por diante.

OITO
Tarefas simples

SE VOCÊ CONSEGUIU SIMPLIFICAR suas metas e seus projetos, já obteve um grande progresso em direção a fazer menos e a se tornar mais eficiente. No entanto, esse é só o primeiro passo – você não terá nada até realmente executar as tarefas.

Na prática, simplificar as tarefas pode ser a etapa mais importante. Nosso objetivo é fazer menos, de forma mais eficaz e com o menor nível de estresse. Conseguimos isso ao impor limites, manter o foco em uma única tarefa de cada vez e voltar nossa atenção para coisas menores, em vez de encarar grandes empreitadas.

AS TAREFAS MAIS IMPORTANTES (TMIs)

Aplicamos o poder das limitações às tarefas quando escolhemos as Tarefas Mais Importantes (TMIs) que serão o foco principal de nosso dia.

E isso é simples: suas TMIs são aquelas tarefas que você mais deseja ou necessita concluir hoje. Pessoalmente, sempre escolho três por dia, mas você pode preferir duas ou quatro. Sugiro que comece com três e depois avalie o número que melhor se encaixa em sua rotina.

É claro que consigo realizar muito mais do que três tarefas por dia. Mas a ideia é que, independentemente de outras coisas que eu possa fazer, essas três tarefas são as que desejo cumprir sem falta. Minhas TMIs são a primeira coisa a que me dedico todos os dias, logo depois de acordar.

E as outras tarefas que preciso realizar hoje? Geralmente não são tão importantes, mas também precisam ser feitas. Quase sempre essas tarefas menores (e-mails, telefonemas, reuniões, pagamentos, etc.) se interpõem aos afazeres mais importantes, mas se você tornar suas TMIs a prioridade nº 1 de cada dia, irá voltar sua atenção primeiramente a elas, e depois às outras.

Após concluir minhas TMIs, me dedico a essas tarefas menores, dividindo-as em lotes.

Para mim, a chave das TMIs é que pelo menos uma delas esteja relacionada a uma de minhas metas. As outras duas podem estar ligadas a alguma atividade profissional, mas uma delas deve ser uma ação voltada para minha meta, para garantir meu progresso diário nessa direção.

Essa atitude faz toda a diferença, pois todos os dias realizo algo que me ajuda a concretizar meus sonhos. Já incorporei essa atitude à minha rotina matinal e ela se tornou um hábito diário, automático.

Torne suas TMIs a prioridade de cada manhã, seja em casa ou no trabalho. Se você deixar para depois, acabará se envolvendo com outras coisas e ficará sem tempo para elas. Ao concluir suas TMIs, qualquer outra tarefa que você consiga cumprir será como um bônus.

Muitas vezes, pequenas atitudes fazem uma grande diferença em nossa vida. Veja como é bastante simples colocar em prática o conceito das TMIs:

- Primeira coisa de seu dia: determinar suas TMIs.

- Limite-se a três tarefas.
- Certifique-se de que pelo menos uma dessas tarefas esteja relacionada à sua meta ou a um de seus três projetos prioritários.
- Mantenha o foco em realizar essas três tarefas.
- Conclua suas TMIs logo cedo, antes de se dedicar a qualquer outra coisa.
- Quando estiver realizando uma de suas tarefas, dedique-se exclusivamente a ela.

PEQUENAS TAREFAS

Manter o foco em poucas tarefas essenciais é importante. Todavia, para realmente simplificar, precisamos analisar a medida dessas tarefas. Mesmo mantendo o foco em uma única coisa, se ela for enorme e intimidadora, podemos nos sentir incapazes de realizá-la. Limitar a quantidade de atividades não vai nos ajudar se ainda tivermos tarefas volumosas a cumprir.

Divida suas tarefas em etapas menores que possam ser concluídas em uma hora. Quanto menos tempo levarem, melhor, pois assim aumentamos nossas chances de sucesso.

Digamos que você tenha uma tarefa enorme pela frente, como fazer sua declaração de Imposto de Renda, por exemplo. Você sabe que precisa começar, mas apenas fica ali, encarando a montanha de papéis. De repente você se pega checando seu e-mail, seu saldo bancário, navegando na internet, telefonando para um amigo... E a tarefa continua a desafiá-lo, intimidadora.

Combata o hábito de procrastinar subdividindo essa tarefa em ações menores. "Separar documentos" ou "Procurar recibos médicos" soam muito melhor, pois são coisas que você consegue realizar em pouco tempo. É bem menos assustador do que "Fazer a Declaração de Imposto de Renda".

Toda vez que você se pegar pensando em deixar algo importante para depois, verifique se é possível dividir essa tarefa em subtarefas menores. E então arregace as mangas. Você só precisa começar e logo, logo entrará no ritmo, quebrando a barreira inicial e concluindo as pequenas etapas, uma após outra, até que a tarefa "enorme" tenha sido finalizada.

NOVE

Gestão simplificada do tempo

Há dois tipos de pessoas no mundo: as extremamente organizadas, que planejam cada minuto de seu dia e cumprem esse horário religiosamente; e há o resto da humanidade, no qual eu me incluo. Nós também planejamos nossas vidas, mas nossos dias não se parecem muito com o que imaginamos.

Isso acontece, naturalmente, porque as coisas mudam, e temos que acompanhar o fluxo da vida. A gestão do tempo, em especial para as pessoas que possuem um horário de trabalho mais flexível, não pode ser algo rígido ou estafante.

Gerencie seu tempo de forma simples e evite programações complicadas.

UMA ABORDAGEM MAIS FLEXÍVEL

Se você se sente sobrecarregado por muitos compromissos e gostaria de ter uma agenda mais livre, sugiro que administre melhor seu tempo. Em vez de permitir que sua vida seja regida pelo calendário, deixe que seja guiada pelo momento.

Como fazer isso?

Antes de tudo, não agende compromissos. Essa atitude pode parecer radical para algumas pessoas, mas não é uma ideia recente e já funcionou com muita gente. Se alguém o convocar para uma reunião, simplesmente diga que você não agenda compromissos e peça que lhe telefonem um pouco antes do horário para confirmar se você poderá comparecer. Se você estiver livre, participe da reunião, mas garanta que ela seja o mais breve possível.

Por outro lado, certamente há alguns eventos que você desejaria anotar em um calendário, mas aos quais não precisa necessariamente comparecer. Esse calendário servirá para mostrar suas opções, jamais para ditar sua vida. Por isso, sugiro não assinalar muitos compromissos nele.

Então, o que fazer no lugar de manter uma agenda? Em primeiro lugar, conscientize-se de suas prioridades e, de tempos em tempos, decida o que você deve fazer além dessas prioridades, quanto tempo tem disponível e quanta energia deseja direcionar para isso.

Aprenda a viver o momento, mantenha o foco em uma tarefa de cada vez e deixe-se levar pelo que está fazendo. Se você não sentir paixão por uma determinada atividade, permita-se dedicar sua atenção a algo que lhe seja mais prazeroso. Quanto mais paixão temos por um projeto ou uma tarefa, mais energia lhe dedicamos e melhores resultados obtemos.

Estar completamente absorvido por uma tarefa constitui o denominado "estado de fluxo". Esse fenômeno tem recebido muita atenção, pois descobriu-se que ele resulta em mais produtividade e felicidade. Para resumir, o "fluxo" é um estado mental que se instala quando você se envolve totalmente com algo e o mundo parece desaparecer à sua volta, deixando-o até mesmo sem noção de tempo. Todos nós já experimentamos isso algumas vezes. O grande passo é aprender como entrar nesse estado intencionalmente.

Aqui vão algumas dicas para você entrar no estado de fluxo:

1. Escolha uma tarefa de que você goste muito. Se for alguma coisa com a qual você não se importa, não conseguirá se entregar por completo.
2. Escolha algo que seja desafiador, mas não em excesso – uma tarefa muito difícil atrapalha sua concentração, e uma fácil demais talvez o deixe entediado.
3. Elimine toda e qualquer distração – telefones, e-mail, torpedos, objetos desnecessários sobre sua mesa ou a área de trabalho do computador, etc. Quanto menos você pensar em outras coisas, melhor, pois a ideia é canalizar todo o seu foco para a tarefa em questão.
4. "Mergulhe de cabeça" na tarefa. Comece a realizá-la e mantenha o foco. Esqueça todo o resto e deixe o mundo desaparecer. Entusiasme-se pelo que está fazendo. Talvez você perca a noção de tempo e se atrase para algum compromisso – por isso acredito que ter uma agenda cheia não é uma boa ideia.

CONHEÇA SUAS PRIORIDADES

Se você tiver um horário flexível, como saberá em que deve trabalhar? Conhecendo suas prioridades. Basicamente, você deve decidir logo ao acordar o que quer realizar nesse dia e listar as três tarefas que deseja concluir – suas três prioridades. Você poderá fazer uma lista curta de outras pequenas tarefas que também gostaria de realizar (deixe-as para mais tarde), mas o foco do seu dia deve ser a lista das três TMIs. Deixe essa lista, e não sua agenda, ditar o seu dia.

Depois de estabelecidas as três prioridades, a chave será o foco. Mantenha o foco em uma coisa de cada vez e na conclusão das três tarefas. Essa atitude pode representar uma mudança radical para a parte de nós que adora fazer várias coisas ao mesmo tempo, mas você descobrirá que ter um único foco, além de ser mais produtivo, é mais relaxante.

Você pode demorar um pouco a se acostumar com isso. Não se preocupe. Apenas retome seu foco toda vez que sentir que está se desviando dele. Mantenha-se concentrado e logo você estará terminando suas tarefas prioritárias facilmente.

Enquanto estiver executando sua tarefa, você provavelmente pensará em outras coisas que tem a fazer, ou será interrompido por alguma solicitação, ou talvez uma nova ideia lhe venha à mente. Lembre-se de que você não pode deixar que isso controle a sua vida. Tenha sempre um bloco de papel ou um arquivo de texto aberto no computador e anote essas ideias. Retome a tarefa que estava realizando e, quando a tiver concluído, consulte sua lista para verificar qual será seu próximo foco.

REDUZA A QUANTIDADE DE TAREFAS

Quanto menos tarefas você tiver a cumprir, menos precisará organizá-las. E se colocar seu foco apenas nas que trarão mais retorno ao investimento de seu tempo, será mais produtivo e terá menos coisas a fazer. Você só precisa de um sistema e de ferramentas mais simples para aprender a ficar menos estressado. Acredito que essa seja a combinação perfeita.

Em relação à gestão de tarefas, assim como a qualquer organização, minha filosofia é reduzir antes de começar a organizar. Se você tiver que lidar com apenas três tarefas, e não vinte, na verdade não precisará organizar nada.

Já a gestão do tempo requer a redução do número de coisas que se tem a fazer. Você vai precisar eliminar algumas atividades, delegar outras, adiar outras tantas e cancelar alguns compromissos. Concentre-se sempre em simplificar, reduzir e eliminar. Mantenha o foco no que é importante – e todo o resto ficará mais fácil.

DIVIDA AS TAREFAS EM LOTES

Além de suas três TMIs, há sempre tarefas menores a serem cumpridas. Duas dicas: 1) nunca dê às tarefas menores prioridade sobre suas TMIs; e 2) separe essas tarefas em lotes, para ganhar tempo. Essa ideia está presente em uma expressão usada por programadores de informática, "processamento em lotes", que significa trabalhar em grupos de tarefas semelhantes, todas de uma vez. Você poupa tempo, pois deixa de alternar tarefas importantes com outras de menor importância (como telefonemas e e-mails). Assim, depois de terminadas as TMIs, você terá tempo de fazer todas as ligações, de responder a todos os e-mails de uma só vez, etc.

Anote os lotes de tarefas em sua lista, logo abaixo das TMIs. Agrupe-os em categorias diferentes (telefonemas, e-mail, etc.). Sugiro que você espere até o final do dia para realizar esses lotes. Deixe a parte da manhã livre para as suas atividades mais importantes. Depois de liquidadas as TMIs, dedique-se às tarefas menores, realizando-as o mais rapidamente possível.

Que tipos de tarefas funcionam bem quando separadas em lotes? Veja algumas sugestões.

- **Telefonemas.** Não faça diversos telefonemas ao longo do dia. Liste com quem precisa falar e faça todos os telefonemas de uma só vez. Costumo reservar cerca de 30 minutos para isso. De quanto tempo você precisa? Considere também só receber telefonemas durante um certo período de tempo. Acione seu correio de voz sempre que desejar se concentrar em suas TMIs para não ser interrompido por chamadas telefônicas.
- **E-mail.** Esse meio de comunicação se tornou tão importante hoje em dia que passou a governar nossas vidas. Sugiro que

você cheque seu e-mail e responda ou escreva suas mensagens em horários predeterminados ao longo do dia. Que tal duas vezes por dia, de manhã e à tarde? Qualquer que seja o esquema que melhor funcione para você, evite fazer isso logo no começo do dia, ou você acabará se envolvendo e deixando suas TMIs para depois.

- **Pequenas coisas do dia a dia.** Reúna todas elas em um único horário, seja na hora do almoço ou no final do dia. Ou então determine um dia só para elas.
- **Papéis.** Eu, pessoalmente, não uso mais papel para quase nada. Mas a maioria das empresas não pode se dar esse luxo. Caso você tenha que lidar com vários papéis e documentos, dedique-se a eles durante uma determinada hora a cada dia.
- **Sua mesa de trabalho.** Da mesma forma que você vai proceder com a caixa de mensagens eletrônica, reserve um horário específico para analisar os documentos que chegaram à sua mesa e definir o que fazer com cada um deles. Se você parar de trabalhar cada vez que algum documento chegar, passará o dia todo esvaziando sua caixa de entrada, e não vai ter controle sobre suas tarefas.
- **Reuniões.** Talvez você não possa controlá-las, mas, caso possa, recomendo agendá-las todas no mesmo dia, certificando-se de que cada uma tenha um propósito definido e um horário de início e término. Isso vai ajudá-lo a liberar espaço para suas tarefas mais importantes. Melhor ainda: se puder, evite as reuniões. Elas são uma perda de tempo.
- **Internet.** Se você é como eu, deve ter alguns sites que gosta de visitar regularmente. Defina um horário e entre em todos eles de uma vez, para que não precise interromper seu trabalho ao longo do dia.

- **Pesquisa.** Algumas funções exigem pesquisa ou leitura antes da redação de algum documento. Faça toda a pesquisa e toda a leitura necessárias de uma só vez.
- **Manutenção.** Às vezes, precisamos realizar pequenas tarefas como manutenção do nosso trabalho. No meu caso, significa ler os comentários dos leitores do meu blog, checar as ações de publicidade, ajustar códigos de *html*, etc. Em outros tipos de trabalho, isso envolve outras pequenas tarefas. Essas não são atividades importantes, mas são coisas que precisam ser feitas. Então, agrupe tudo em um lote e cuide dele no final do dia.

FERRAMENTAS SIMPLES PARA A GESTÃO DO TEMPO

Ferramentas complicadas ou excessivas atrapalham a administração do tempo. Se você seguiu a filosofia simplificada de gestão de tempo que acabamos de apresentar, não precisará de nada além das ferramentas listadas abaixo.

- **Calendário.** Em vez de uma grossa agenda ou um programa de computador complicado, recomendo algo bastante simples. Se você tiver poucos compromissos, tente usar um calendário de parede, dividido em células onde você anotará uma ou duas atividades diárias. Caso precise anotar outras coisas, como os horários de seus filhos, use um calendário on-line, como o *Google agenda*, que é simples, fácil e rápido, e pode ser acessado de qualquer lugar com conexão à internet. Ambos os tipos podem ser usados como uma referência prática para verificar seus compromissos.
- **Um caderno ou arquivo Word.** Você pode usar um caderno simples para anotar tudo o que precisa lembrar e para escrever suas TMIs, seus lotes de tarefas diárias e sua Meta.

Se usar essa única ferramenta, não precisará se preocupar muito. Caso prefira o computador, recomendo um simples arquivo de texto. Eu, por exemplo, mantenho um documento Word para anotar minhas tarefas ou ideias. No alto da página, escrevo as minhas TMIs do dia; abaixo, meus lotes de tarefas menores; e, na parte inferior, anoto outras informações ou ideias que me vêm à cabeça.

DEZ

Simplificando seu e-mail

O E-MAIL SE TORNOU UM formato padrão de trabalho para muitos de nós. Ele já faz parte de nossa vida e é responsável por grande parte de nossa comunicação, promovendo desde o contato com família e amigos até a execução de projetos profissionais.

Infelizmente, o e-mail também nos sobrecarrega e nos distrai das tarefas importantes, podendo até tomar o controle de nossas vidas.

Há uma maneira bem mais saudável de lidar com seu e-mail do que ser escravo dele: reduza o tempo gasto escrevendo ou lendo mensagens, estabeleça limites e esvazie sua caixa de entrada.

Acredite, isso é possível se você aprender regras e hábitos simples para processar seu e-mail rapidamente. Lembre-se de que para usar essa ferramenta com mais eficácia você só precisa aplicar os princípios discutidos até aqui: simplificar, estabelecer limites e ter mais controle sobre o que deseja realizar.

IMPONHA LIMITES À SUA CAIXA DE ENTRADA

De quantas maneiras você recebe informações? Algumas pessoas têm até seis tipos diferentes de comunicação a responder – mensagens de texto, mensagens de voz, documentos impressos, correspondência comum, postagens em blogs ou mensagens em serviços on-line (*MySpace, Facebook, Orkut,* etc.). Cada um desses tipos tem uma caixa de entrada que deve ser esvaziada continuamente. É um processo infinito, mas que não precisa ser exaustivo nem estressante.

Gerencie suas informações com mais tranquilidade e produtividade reduzindo o número de fontes de mensagens que você recebe. Quanto mais meios você usar para receber informações, mais difícil será administrar esse fluxo. Reduza o número de fontes ao mínimo possível.

Aqui vão algumas dicas de como fazer isso:

1. **Enumere todas as suas fontes de informações.** Mesmo que você esqueça algumas no início, poderá acrescentá-las à sua lista depois. Lembre-se de incluir tanto fontes de informações digitais quanto físicas, ou seja, via computador e papel.

2. **Determine o valor de cada fonte.** Muitas vezes, continuamos a verificar algumas caixas de entrada mesmo quando elas já não acrescentam mais nada à nossa vida e se tornam apenas mais um lugar para checar.

3. **Descubra formas de combinar ou eliminar caixas de entrada.** Se algo não lhe traz mais nenhum valor, elimine-o de sua vida. Observe se você consegue sobreviver uma semana inteira sem uma determinada fonte. Em caso afirmativo, elimine-a. Passe então às outras e descubra formas de combinar múltiplas fontes de informações em uma única caixa de entrada. Por exemplo, você tem quatro provedores de e-mail? Tente direcionar todos para um único servidor. Recebe mensagens de voz por meio de vários serviços? Que tal direcionar todas para o mesmo lugar? No trabalho, tenha uma única caixa de entrada para toda

a papelada que chega. Você lê muitos blogs? Use um agregador de conteúdo. Quanto menos fontes de informação, melhor. Tente reduzi-las a quatro; no máximo sete, se possível. Na verdade, uma ou duas seria o ideal.

LIMITE O TEMPO QUE VOCÊ DEDICA AOS SEUS E-MAILS

Se você passar o dia todo lendo, respondendo e checando suas mensagens, não conseguirá fazer mais quase nada. Tome a decisão de baixar suas mensagens apenas em horários predeterminados. Isso permitirá que você tenha tempo de realizar suas tarefas importantes.

Recomendo que você decida antecipadamente quantas vezes e em quais horários vai checar sua caixa de entrada. Veja algumas dicas para ajudá-lo a fazer isso da melhor forma:

- **Número de vezes ao dia.** Esse número depende do tipo de trabalho que você exerce. Verificar seu e-mail somente uma vez por dia seria o ideal, pois você teria menos interrupções. Mas, para muitas pessoas, duas vezes ao dia talvez seja uma frequência mais realista. Já aquelas que recebem pedidos de produtos ou serviços por e-mail, por exemplo, podem ser obrigadas a verificar sua caixa de entrada a cada hora. No entanto, algumas pessoas talvez não precisem checar suas mensagens diariamente – quem sabe a cada dois dias, ou ainda uma ou duas vezes vez por semana já baste. Se você se incluir nesse grupo, tire proveito disso e limite-se ao mínimo de vezes possível.
- **Os melhores horários.** Verificar as mensagens duas vezes ao dia, às 10h e às 16h, permite que você tenha noção do que é urgente para responder de manhã e ainda tenha tempo de resolver outros e-mails na parte da tarde. No entanto, cada

pessoa tem uma organização diferente de seu dia, portanto você deve observar seu estilo de trabalho, seus hábitos e suas necessidades para definir quais horários funcionariam melhor no seu caso. Depois respeite esses horários.

- **Nunca de manhã cedo.** Uma dica básica de produtividade é não fazer da verificação de suas mensagens a primeira tarefa do dia. Se mantiver o hábito de baixar seus e-mails logo cedo, estará permitindo que suas mensagens ditem o seu dia. Você se arrisca a ficar à mercê de sua correspondência eletrônica e não conseguir se livrar dela. Sei que para muitas pessoas seguir esta dica é difícil, pois já se viciaram em abrir seu e-mail antes de qualquer outra coisa. Mas, apesar de ser um problema bastante comum, ele tem solução. O primeiro passo é conscientizar-se do uso que você faz dessa ferramenta. O segundo passo é tomar uma decisão consciente sobre o que é realmente importante: verificar sua caixa de entrada ou cumprir suas metas? Se você se concentrar em seus projetos importantes e em seu progresso em direção aos seus objetivos, perceberá que checar seu e-mail obsessivamente não contribui em nada para a realização de seus sonhos.
- **Desligue as notificações de chegada de e-mail.** A maioria dos programas de e-mail tem a opção de dar um alerta (seja um som, uma janela que se abre ou um ícone que fica piscando) para avisar sobre a chegada de novas mensagens. Se você usa esse alerta, aconselho que o desligue, pois isso sempre interromperá seu trabalho e o acorrentará novamente às solicitações de quem lhe enviou mensagens. Lembre-se: verifique seu e-mail somente nos horários que você predeterminou. Seu trabalho renderá muito mais assim.
- **Como manter esse hábito.** É muito fácil dizer que você deve verificar seu e-mail somente duas vezes ao dia. Mas é difícil abandonar o velho costume de checar suas mensagens a

todo momento. Como adquirir esse novo hábito? Torne-o sua prioridade por uma semana ou duas. Coloque um aviso bem visível em seu computador: "E-mail só às 10h e às 16h!" (ou qualquer outro horário que você escolher). E sempre que tiver vontade de clicar em "enviar e receber", leia o aviso, respire fundo e volte a se concentrar em seu trabalho. A recompensa? Você se tornará muito mais produtivo.

REDUZA A QUANTIDADE DE MENSAGENS

Uma das estratégias mais importantes para o bom uso do e-mail é reduzir a quantidade de mensagens que você recebe, antes de qualquer outra medida. Recebo centenas de mensagens todos os dias, mas a maioria nunca chega à minha caixa de entrada, pois são automaticamente direcionadas para a pasta de *spam* ou a lixeira. O importante é deixar que só as mensagens essenciais cheguem até você, para não sobrecarregá-lo à toa.

Conheça algumas técnicas poderosas para reduzir o fluxo de mensagens:

1. **Lixo eletrônico.** Escolha um provedor que tenha um bom filtro de proteção contra *spam* para que você não receba mensagens indesejadas.

2. **Informativos e malas-diretas.** Sempre recebi diversos informativos com novidades e promoções dos serviços on-line que utilizo. Mas quando essas mensagens começaram a abarrotar minha caixa de entrada, criei um filtro que automaticamente salva esses e-mails em uma pasta específica e os marca como "mensagens lidas", ou então os envia para o lixo, dependendo do caso. (Se você usa o *Outlook,* clique em "Mensagem", depois em "Criar regra com base na mensagem".) Assim, continuo rece-

bendo as mensagens, mas elas não enchem mais a minha caixa de entrada.

3. **Lotes de tarefas.** Recebo certas mensagens ao longo do dia que requerem uma ação simples, que não leva mais de 10 ou 15 segundos para ser executada. Como sei do que se trata, criei filtros que as direcionam para uma pasta chamada "lotes de tarefas", à qual dedico minha atenção uma vez por dia. Em poucos minutos resolvo toda a pasta, e essas mensagens não mais lotam minha caixa de entrada.

4. **Piadas e correntes.** Se seus amigos e familiares insistem em enviar mensagens com piadas ou correntes, avise a eles que você está tentando reduzir seu fluxo de mensagens e prefere não receber e-mails desse tipo. Algumas pessoas vão se sentir ofendidas. Outras irão ignorar o seu pedido. Neste caso, crie um filtro para descartar as mensagens. Se um desses remetentes enviar alguma coisa importante (o que é raro), ele certamente irá lhe telefonar perguntando por que você não respondeu. Então explique que a mensagem deve ter ido direto para a pasta de *spam*.

5. **Avise seus contatos sobre seus critérios.** Uma grande estratégia para reduzir o número de mensagens é fazer com que seus contatos saibam que você não quer receber certos tipos de mensagens. Sua caixa de entrada vai ficar muito mais "leve".

RESOLVER E ESVAZIAR

Agora que somente mensagens essenciais chegam à sua caixa de entrada, o próximo passo é saber como esvaziá-la rapidamente. Eu consigo limpar a minha em uns 20 minutos, mas o seu tempo pode ser diferente, dependendo de sua prática em seguir os métodos abaixo, de quantas mensagens você recebe e de sua capacidade de manter o foco.

De todo modo, você poderá esvaziar sua caixa em pouco tempo usando os seguintes métodos:

1. **Pasta provisória.** Se sua caixa está lotada com centenas de mensagens, passe-as para uma pasta provisória e dedique a elas, posteriormente, cerca de 30 minutos a cada vez, até resolvê-las. Comece com uma caixa de entrada vazia e use as técnicas abaixo para mantê-la assim.

2. **Sua caixa de entrada não deve ser sua lista de coisas a fazer.** Muitas vezes, uma mensagem permanece em sua caixa de entrada porque você precisa executar determinada ação antes de resolvê-la. Não deixe essa mensagem na caixa de entrada como parte de uma lista de coisas a fazer: anote a tarefa associada a ela seguindo seu método habitual – seja em um caderno, um programa de computador, uma agenda, ou o que for – e depois arquive a mensagem. Essa técnica eliminará várias mensagens de sua caixa rapidamente. Você ainda deverá realizar essa tarefa, mas agora ela está em sua lista de coisas a fazer, seu lugar certo, e não mais entulhando sua caixa de entrada.

3. **Processe sua caixa rapidamente.** Comece pela primeira mensagem e vá descendo, resolvendo uma de cada vez. Depois escolha entre deletar, arquivar (para referência futura), responder, transferir para sua lista de tarefas, executar imediatamente (se isso não levar mais de dois minutos), ou então encaminhar. Qualquer que seja sua opção, a mensagem deverá ser arquivada ou deletada em seguida. Com essa prática, você conseguirá resolver dezenas de mensagens rapidamente.

4. Aperte a tecla "delete" sem medo. Você precisa responder a cada mensagem que recebe? Não necessariamente. Pergunte-se "Qual a pior coisa que poderá acontecer se eu deletar esta mensagem?" e, se a resposta não for catastrófica, aperte a tecla "delete" sem medo. Você simplesmente não pode responder a todos os e-mails, por isso escolha apenas os mais importantes. Ao limitar as mensagens que responderá, você terá mais tempo para realizar suas tarefas prioritárias.

5. Processe até terminar. Ao abrir sua caixa de mensagens, processe todos os e-mails. Não deixe nenhum pendente. Faça o que tiver de fazer com cada um deles e em seguida retire-os da caixa de entrada, deixando-a vazia. Faça disto uma regra: não deixe nenhuma pendência na caixa de entrada.

ESCREVA MENOS

Outra dica valiosa para gastar menos tempo com seu e-mail, mas ainda assim torná-lo uma ferramenta poderosa, é escrever textos mais curtos. Depois de controlar o fluxo de sua caixa de entrada, você deve ter selecionado umas poucas mensagens para responder. Portanto nada de escrever tratados enormes para cada pessoa. Eu me limito a no máximo cinco frases por resposta. Isso me força a ser conciso e comunicar somente o que é essencial, reduzindo assim o tempo que dedico a responder às mensagens.

Talvez seu limite seja diferente, algo em torno de sete frases. Nos próximos dias, experimente o que funciona melhor no seu caso e, uma vez que tenha decidido qual o tamanho ideal de suas mensagens, respeite esse limite. A chave desse processo é a limitação: ela força você a se concentrar no essencial e a diminuir o tempo gasto escrevendo e-mails.

ONZE

Simplificando a navegação na internet

A INTERNET NÃO É SOMENTE onde obtemos informações hoje em dia – é também onde passamos grande parte de nossa vida. É onde fazemos compras, encontramos pessoas, nos comunicamos, nos entretemos, trabalhamos, empregamos nosso tempo livre, conduzimos pesquisas.

Com tantas funções à nossa disposição, é comum recorrermos à internet para realizar uma tarefa profissional e acabarmos nos perdendo em uma dezena de sites, desperdiçando uma hora ou duas antes de percebermos. A internet pode ser um verdadeiro "buraco negro" da produtividade e, se permitirmos, pode tomar conta de nossas vidas.

Aplique os conceitos que você já aprendeu à internet, procurando usá-la de forma mais objetiva. Estabeleça limites e simplifique suas ações on-line.

CONSCIENTIZAÇÃO: COMO VOCÊ USA A INTERNET?

Aceite este desafio: durante três dias, monitore a forma como você usa a internet. Se quiser, use como ferramenta um dos sites em inglês *Toggl* (www.toggl.com), *yaTimer* (www.nbdtech.com/yaTimer) ou *Tick* (www.tickspot.com), que darão um panorama de como você gasta seu tempo na rede, conscientizando-o da importância de controlar seu uso.

Esse primeiro passo vai ajudá-lo a ter consciência de seus movimentos on-line, e é uma importante etapa do processo de monitorar a maneira como utiliza a web. Esse processo pode ser bastante revelador e mostrar que você gasta mais tempo do que imagina com seu e-mail, em um site específico ou com a internet em geral.

Avalie os sites que representam uma perda de tempo – ou seja, aqueles que você acessa com muita frequência mas que não o ajudam a alcançar suas metas. Esses são os sites cujo uso você precisa limitar.

CONSCIÊNCIA: TRACE UM PLANO

Agora que você tem plena consciência de seus hábitos de internauta, pode traçar um plano de como e quando recorrer à internet, evitando acessá-la a qualquer hora e se deixar levar sem perceber. O uso consciente significa estabelecer limites e ter um propósito específico para cada vez que for acessá-la. Não estou querendo dizer que você não poderá navegar apenas por entretenimento, mas que fará isso conscientemente, ou seja, nos momentos em que dispuser de tempo livre para se divertir.

Seu planejamento de tempo on-line poderá ser diferente do meu, pois vai depender de suas necessidades individuais. No entanto, considere as seguintes questões:

- Quais são suas reais necessidades? Quais usos da internet são essenciais para o seu trabalho? Com que frequência você precisa acessar esses sites?
- Quais páginas você acessa como entretenimento? Você ainda poderá visitá-las, mas limite seu tempo, usando-as como recompensa por um trabalho já concluído.

- Quando você precisa se dedicar a um trabalho sério e quando pode se permitir navegar na rede e se distrair?

Sugiro que você determine blocos de horas em seu dia para realizar um trabalho ininterrupto (sem usar a internet), para comunicar-se (através de e-mail ou mensagens instantâneas), para pesquisas e outras atividades relacionadas ao trabalho que requeiram consulta à web, para se divertir ou simplesmente navegar. Esse planejamento o tornará mais consciente e fará com que empregue esse importante recurso de forma mais inteligente e eficaz.

FOCO: APRENDA A TRABALHAR DESCONECTADO

Uma das melhores coisas que fiz para aumentar minha produtividade foi criar o hábito de permanecer desconectado enquanto estou trabalhando em algo importante. Pode parecer uma atitude um tanto drástica para as pessoas que estão acostumadas a permanecer on-line o tempo todo, mas acredite: é muito relaxante se livrar das garras da internet.

Digamos que você já tenha determinado suas TMIs para hoje e a primeira delas seja redigir um relatório ou um artigo. Talvez você precise fazer uma pesquisa na internet antes de começar. Para isso, determine um bloco de tempo (30 minutos, por exemplo) e uma finalidade específica (obter todas as informações relevantes sobre o assunto). Depois de terminada a pesquisa, você se desconecta e escreve o texto.

Muitos de nós temos tarefas como essas, que requerem pesquisas ou comunicação pela internet, mas que não necessitam de consulta durante a maior parte do trabalho, como quando estamos escrevendo, editando um texto ou lendo. Se você permanecer conectado durante a execução da tarefa, pode se distrair em vários momentos – você pensa em um e-mail que precisa enviar, um livro que quer consultar, uma música que gostaria de baixar. A tentação de visitar seus sites favoritos é constante. É difícil manter o foco com a sedutora internet à sua disposição o tempo todo.

Estar desconectado evita essas distrações. Isso significa ter uma única tarefa a que se dedicar e ser mais produtivo. Veja algumas dicas de como fazer seu trabalho render estando off-line:

- Faça toda a pesquisa na internet antes de começar, assim você não precisará se conectar enquanto executa a tarefa.
- Acione um timer e tente manter seu foco em uma atividade por um determinado período de tempo.
- Se você se lembrar de algo que precisa consultar na internet, anote e o faça depois. Isso pode esperar.
- Que tal estabelecer uma determinada hora do dia para estar sempre desconectado? Se você achar que consegue, eleja um dia inteiro para ficar off-line.
- Se necessário, desligue o cabo da internet para resistir à tentação de conectar-se com apenas alguns cliques do mouse.
- Em um caso extremo, desplugue o cabo e guarde-o por uma hora ou mais. Ou então use um laptop para trabalhar em algum lugar calmo onde não haja conexão sem fio.
- Dê-se um prêmio por concluir a tarefa, permitindo-se visitar um site interessante. Mas lembre-se: só após ter terminado sua tarefa.

Você se surpreenderá com o volume de trabalho que terá conseguido realizar.

DISCIPLINA: COMO EVITAR AS DISTRAÇÕES

Para algumas pessoas, a internet se tornou um vício. Isso significa que trabalhar desconectado pode ser algo desafiador, talvez mais difícil do que possamos imaginar. Se você já estiver realmente viciado na rede, é provável que nem considere a possibilidade de tentar ficar sem ela.

Como acontece com qualquer vício, a necessidade de acessar a internet pode ser vencida. Veja como:

- Concentre-se em vencer esse vício durante pelo menos uma semana. Um mês seria o ideal, mas você deve ter tarefas a cumprir que precisam de acesso à internet. Sendo assim, durante uma semana estabeleça a meta de libertar-se da internet e trabalhar desconectado quando possível.
- Estabeleça regras para usar a internet e respeite-as. Elas poderiam incluir "Nada de e-mail entre 10h e 16h", ou "Não acessar a internet entre 9h e 10h". Crie essas regras baseando-se no que melhor se adaptar à sua realidade.
- Sempre que você sentir uma necessidade urgente de se conectar, espere um pouco. Toda vontade acaba passando, como uma onda que vem e vai. Outra onda virá, então enfrente essa nova onda também. E a sensação de urgência passará – é só você aguentar firme por alguns minutos.
- Exerça uma pressão positiva sobre você mesmo. Peça a seus familiares, colegas de trabalho e amigos que o encorajem a ficar longe da internet durante os períodos que você determinou, que o auxiliem a seguir suas próprias regras. Peça-lhes que fiquem de olho em você. Essa pressão pública o ajudará a abandonar o vício.
- Premie-se. Se você conseguir não se conectar à internet nos horários que predeterminou, recompense seu esforço – pode ser com um pequeno prêmio, um tempo para checar seu e-mail ou qualquer coisa que o motive.
- Use algumas das estratégias eficazes para combater outros tipos de vício, como respirar fundo, beber água, alongar-se

ou dar uma volta. Faça qualquer uma dessas coisas e sua sensação de urgência se dissipará.

- Tenha paciência e dê tempo ao tempo. É tudo uma questão de hábito. Quanto mais você praticar ficar desconectado, mais fácil o desafio se tornará. E você terá uma sensação incrível de vitória.

DOZE

Simplificando seu estilo de organização

JÁ TRABALHEI EM ESCRITÓRIOS onde as mesas de trabalho dos funcionários tinham pilhas e pilhas de papéis. Meus colegas argumentavam que aquela era a sua forma de organizar os documentos, mas eu constantemente os via procurando naquelas pilhas um papel que eles tinham certeza de que estava ali... Eles gastavam tanto tempo com isso que eu sempre me perguntei se não haveria uma forma de organização mais eficiente.

Empilhar coisas pode funcionar para algumas pessoas, mas para outras resulta em uma bagunça que gera estresse, dor de cabeça e perda de tempo. Em sua concepção mais básica, empilhar coisas é uma prova de nossa incapacidade de:

1. Criar um sistema simples para organizar documentos.
2. Ter o hábito de usar esse sistema de forma imediata e constante.

CRIE UM SISTEMA SIMPLES DE ARQUIVAMENTO

A chave de um sistema de arquivamento eficiente é ser simples. Se for complicado e de difícil uso, você logo irá desistir dele.Veja como criar um sistema eficaz:

1. Reduza antes de organizar. A primeira regra para organizar as coisas é, antes de mais nada, eliminar tudo que é desnecessário. Se você tem um arquivo suspenso transbordando de papéis, ou pilhas de documentos sobre a mesa, levará uma eternidade para organizá-los – e ainda assim será difícil encontrar o que procura. Para simplificar:

- Junte tudo em uma grande pilha. Se você precisar de uma segunda pilha, não há problema, mas encare-a como continuação da primeira. Se suas pastas estão desorganizadas, acrescente-as à pilha também.
- Examine pastas e documentos um por um e decida qual ação cada um deles requer. Se perceber que um determinado documento não terá a menor serventia nos próximos meses, jogue-o fora. Livre-se de todos os papéis que puder.
- Redirecione. Caso algo não possa ser descartado porque ainda requer a correção ou aprovação de alguém, envie-o a essa pessoa e livre-se dele.
- Arquive. Se algum documento for absolutamente essencial e você tiver certeza de que vai precisar dele em breve, arquive-o.

2. Simplifique seu sistema de arquivamento. Tudo o que você precisa é de um sistema simples, em ordem alfabética. Use pastas suspensas com etiquetas e crie uma para cada cliente, vendedor, projeto ou o que quer que seja o caso. Apesar de algumas profissões requererem um arquivo maior, acredito que a maioria de nós precisa de uma única gaveta para organizar seus documentos. Além disso, ao impor o limite de uma única gaveta, você se forçará a descartar pastas desnecessárias sempre que sua gaveta começar a ficar cheia demais. Não há nada complicado nisso – crie as pastas necessárias e as nomeie em ordem alfabética. Simples assim.

3. Arquive qualquer documento imediatamente. Para manter seu sistema sempre atualizado, arquive todo e qualquer documento imediatamente. Se depois de liberar sua mesa surgir algo que não requeira uma ação imediata mas que precise ser arquivado posteriormente, resista à tentação de colocá-lo em uma pilha ou em uma pasta denominada "Para arquivar" ou "Diversos".

Nesse caso, abra seu arquivo ou gaveta - que deve estar bem próximo a você -, retire a pasta apropriada e arquive o documento. Tudo isso não leva mais de cinco segundos, ao passo que postergar o arquivamento gerará novas pilhas de papéis e você voltará à estaca zero.

Por que empilhar papéis não funciona? À medida que a pilha se avoluma, ela se torna mais intimidadora e você tem menos motivação para organizar os documentos. Então você terá dificuldade de encontrar o que procura e logo, logo desistirá do sistema de arquivamento. O pobre argumento de que as pilhas seguem algum padrão lógico de organização não se justifica, pois você terá que repensar qual pilha é para qual finalidade, quais documentos estão em cada uma, e sempre que precisar de um papel específico levará um século para encontrá-lo. E, além de tudo, sua mesa ficará novamente lotada de coisas, o que se torna uma distração e atrapalha o seu trabalho.

4. Tenha os materiais à mão. Mantenha um estoque de pastas e etiquetas por perto. Se você precisar levantar para pegar o material em outro lugar toda vez que tiver que arquivar um documento em uma nova pasta, adiará o arquivamento e criará uma nova pilha.

Evite isso guardando pastas, etiquetas e o que mais você precisar em uma gaveta próxima, de fácil acesso. Depois é só criar as novas pastas e arquivar os documentos em ordem alfabética rapidamente.

5. Reduza suas necessidades. No último ano, tenho conscientemente reduzido o número de documentos arquivados. Naturalmente, abro a gaveta e consulto uma pasta com frequência, mas acrescento um número bem menor de novos documentos. Recomendo que você faça o mesmo, de modo gradual e consciente. Veja algumas formas de conseguir isso:

- **Armazene informações on-line.** Sempre que preciso procurar alguma informação, aperto uma combinação de teclas de atalho para abrir sites ou documentos específicos, e os dados de que necessito aparecem imediatamente. Contatos, orçamentos, ideias e várias outras informações estão todos on-line. Conclusão: não preciso mais de centenas de papéis e não preciso mais arquivá-los.
- **Reduza o fluxo de papéis.** Peça a seus contatos que lhe mandem documentos importantes por e-mail, e não por fax ou correio. Hoje em dia, tudo é produzido no computador, e cópias em papel se tornaram obsoletas. Insista em receber informações digitais, inclusive para versões de jornais, revistas e outros informativos regulares.
- **Pare de imprimir.** Muitas pessoas ainda imprimem e-mails e documentos que recebem ou produzem. Árvores são derrubadas para produzir mais papel porque você resolveu ficar com duas cópias de cada documento. Além disso, você vai precisar arquivar tanto a versão impressa quanto a digital. Mas, convenhamos, procurar informações direto no computador é bem mais fácil.
- **Analise os documentos que você recebe.** Toda vez que for arquivar algum documento, questione a real necessidade de ter uma cópia impressa. Esse documento está disponível on-line? Você precisa realmente recebê-lo? Não seria melhor escaneá-lo e salvar uma cópia digital? Esse documento po-

deria ser jogado fora? E gradualmente, um por um, reduza os documentos que lhe são enviados.

DICAS PARA GERENCIAR DOCUMENTOS PESSOAIS

Os cinco passos descritos acima se aplicam não somente à sua vida profissional, mas também à sua vida pessoal e ao volume de papéis enviados à sua residência. Aqui vão algumas dicas específicas para organizar os documentos em sua casa:

1. **Crie uma "central de correspondência" doméstica.** Para isso, providencie uma caixa de entrada para todos os papéis que você recebe, uma cesta de lixo (a ferramenta mais importante para quem quer simplificar a vida!), um pequeno sistema de arquivo (nada além de umas poucas pastas ou de um arquivo portátil) e um lugar para guardar envelopes, etiquetas, canetas e outros utensílios.

2. **Caixa de entrada de casa.** Toda correspondência, documentos da escola das crianças e outros papéis devem ser colocados em uma caixa de entrada logo que chegarem. Não os acumule sobre uma bancada, na mesa da cozinha ou na escrivaninha. O ideal seria abrir a correspondência e jogar fora tudo o que puder, como os envelopes abertos, catálogos e propagandas que não interessam. Mesmo que você não faça isso, pelo menos guarde tudo na caixa de entrada.

3. **Pague suas contas imediatamente.** Enquanto estiver processando a correspondência e os documentos, separe e guarde todas as contas a pagar em uma pasta. Outra alternativa ainda melhor é pagar as contas imediatamente, logo após tirá-las da caixa de entrada. Faça o cheque, anexe-o à conta e coloque tudo

em um envelope com a data do vencimento, ou então pague pela internet. Qualquer que seja sua escolha, essa conta sairá da sua mente.

4. Faça anotações em sua lista de tarefas ou em seu calendário. Quando os documentos requererem alguma tarefa ou compromisso, anote isso imediatamente em sua lista de coisas a fazer ou em um calendário. Depois coloque os documentos na pasta apropriada.

5. Arquive tudo imediatamente. Após pagar uma conta ou efetuar a ação referente a um documento, arquive os papéis imediatamente (se não for possível jogá-los fora, claro). Não os deixe sobre o aparador ou sobre a pilha de papéis "para arquivar", nem os ponha de volta na caixa de entrada. Repito: arquive-os imediatamente dentro da pasta apropriada. Sempre tenha o material necessário à mão caso precise criar uma nova pasta. O segredo de fazer o sistema de arquivo funcionar é guardar imediatamente tudo que chega e não deixar que novas pilhas de papéis se formem.

Lembre-se: nenhum papel deve estar fora da caixa de entrada ou das pastas de arquivo. Faça disso um hábito. Separe um tempo a cada dia ou semana para limpar sua caixa de entrada e pagar suas contas. Com esse sistema simples de arquivamento você elimina a bagunça e a preocupação.

TREZE
Simplificando sua agenda

Se você pudesse eleger uma única mudança que causasse o maior impacto em sua vida em termos de produtividade e eficácia e ainda lhe possibilitasse fazer o que deseja, provavelmente escolheria reduzir a quantidade de compromissos de sua agenda.

Essa única mudança lhe daria tempo para se concentrar em projetos importantes e realizar o que deseja. Você ficaria mais disponível para se dedicar àquilo de que realmente gosta, para se exercitar, ler, ter algumas horas tranquilas só para você ou com seus entes queridos.

Não vou mentir: diminuir a quantidade de compromissos não é fácil. Você precisará ter determinação, disposição para dizer "não" e paciência, pois essa transformação vai levar um tempo para acontecer. Mas as recompensas virão de diversas formas, pelo resto de sua vida.

O PESO DOS COMPROMISSOS

Muitos de nós temos agendas lotadas. Assumimos dezenas de compromissos profissionais, que incluem, além das responsabilidades inerentes à nossa função, a participação em comitês, reuniões, conferências e seminários. Isso sem falar nos projetos em que estamos envolvidos, nos frequentes encontros com clientes, etc.

Há ainda os compromissos que mantemos com a comunidade e com nossas famílias e nossos amigos. Temos hobbies, tarefas domésticas a cumprir, precisamos fazer exercícios físicos e ter uma vida social, e por aí vai.

Podemos acumular múltiplos compromissos em todas essas áreas até não termos mais nenhum tempo livre em nossa agenda e nos sentirmos esgotados.

Toda vez que alguém nos pede algo e dizemos "sim", estamos assumindo um compromisso que tomará parte de nosso tempo.

O curioso é que não foi uma decisão consciente ter tantas obrigações assim. Os compromissos se somam à nossa vida um de cada vez. Vistos isoladamente, não parecem demandar tanto tempo e energia. Mas, juntos, eles podem consumir toda a nossa vida e nos tirar totalmente o controle sobre ela.

Comece a cortar compromissos, um a um, para que você possa ter tempo para as coisas que realmente importam.

FAÇA UMA RELAÇÃO DE TODOS OS SEUS COMPROMISSOS

Para conseguir gerenciar sua agenda, primeiramente faça uma relação de todos os seus compromissos para ter uma dimensão real do problema. Faça isso agora mesmo. Veja abaixo um exemplo das categorias mais comuns. Acrescente outras, se necessário:

- **Trabalho.** Temos múltiplos compromissos profissionais. Liste todos eles.
- **Trabalho extra.** Muitas pessoas fazem trabalhos como autônomos ou freelancer para complementar a renda.
- **Família.** Executamos diversos papéis como cônjuge, pai ou mãe, filho, etc. Cada papel demanda mais compromissos.

- **Filhos.** Cada compromisso de seus filhos é mais um compromisso seu.
- **Comunidade.** Muitas pessoas realizam trabalho voluntário em diversas instituições ou organizações sem fins lucrativos.
- **Religião.** Podemos ser membros ativos de uma igreja ou de uma organização religiosa.
- **Hobby.** Talvez você corra, faça ciclismo ou escreva histórias em quadrinhos. Todo hobby traz compromissos.
- **Casa.** Além dos compromissos com a família, há também as tarefas domésticas.
- **Internet.** Talvez você faça parte de algum fórum ou lista de discussão. Pertencer a alguma dessas comunidades também acarreta compromissos.

Você pode ter outras categorias. Liste todas. Quanto mais realista e completa for sua relação, melhor.

ELABORE UMA LISTA MENOR

Agora examine cuidadosamente cada item de sua lista e questione-se: que valor ele agrega à minha vida? Que importância tem para mim? Esse compromisso tem alguma coisa a ver com minhas prioridades e meus valores? Como minha vida seria afetada se eu cortasse esse compromisso? Ele me ajuda a alcançar minhas metas?

A seguir, elabore sua Lista Menor, contendo os quatro ou cinco compromissos mais importantes – aquilo que você mais gosta de fazer, que é fundamental para sua vida. A minha é assim:

1. Ficar com minha esposa e meus filhos.
2. Escrever.

3. Correr.
4. Ler.

Pode ser um grande desafio escolher apenas quatro ou cinco itens. Depois de ter criado essa lista curta, sugiro que você volte à lista original e avalie quais compromissos devem ser transferidos para a versão reduzida e quais não devem. Os que estiverem alinhados com sua Lista Menor são seus compromissos essenciais. No meu caso, por exemplo, postar mensagens no meu blog é um dos meus compromissos essenciais, pois está vinculado a um dos itens da minha Lista Menor – escrever.

Quais são seus compromissos essenciais?

COMECE ELIMINANDO O QUE NÃO É ESSENCIAL

Tudo o que não for essencial em sua lista de compromissos deve ser excluído.

Eliminar as tarefas não essenciais é crucial, pois irá liberar grande parte de seu tempo, deixando-o menos estressado e permitindo que mantenha o foco apenas no que é importante. Você nunca tem tempo para se dedicar aos seus projetos pessoais, à sua família ou ao que realmente gosta de fazer? Pois vai passar a ter se conseguir cortar de sua agenda os compromissos desnecessários e usar seu tempo livre para os itens de sua Lista Menor.

Veja como eliminar os compromissos não essenciais:

1. **Comece com algo simples.** Não tente eliminar tudo de uma vez. Sua primeira tarefa será encontrar algo bem fácil de ser cortado da lista. Procure o que lhe traz menos retorno pelo tempo e esforço investidos, o que menos se alinha com suas prioridades, metas e valores. Elimine esse compromisso por duas semanas e veja se você consegue sobreviver sem ele.

2. **Telefone ou mande um e-mail para se desculpar.** Explique a quem estiver envolvido que você está sobrecarregado e que infelizmente não tem tempo para cumprir o compromisso. Desculpe-se, mas seja firme e não deixe espaço para negociação.

3. **Elimine esse compromisso de sua agenda.** Depois preencha o tempo recém-liberado com algum item de sua Lista Menor. Não ocupe esse tempo vendo TV – use-o de forma inteligente.

4. **Repita esse processo com todos os outros compromissos não essenciais**. Vá cortando um por um, até chegar ao fim da lista. Esforce-se para eliminar todos os compromissos que não forem fundamentais para a sua vida. Isso poder levar algum tempo, principalmente porque alguns demandarão uma substituição ou outra solução. Mas não pare até ter se livrado de todos os compromissos desnecessários.

Toda vez que você eliminar um compromisso, vai se sentir um pouquinho culpado, pois as pessoas podem ficar desapontadas e tentar fazer pressão para você voltar atrás. Mas será um grande alívio não ter mais aquele monte de obrigações. Isso vai deixar sua agenda bem mais liberada. Mesmo que alguém fique chateado, mantenha na cabeça aquilo que é importante para você. Se nos comprometermos com o que os outros querem o tempo todo, jamais teremos um tempinho para nós mesmos.

APRENDA A DIZER "NÃO"

Sua lista de compromissos não cresceu por conta própria. Todos os itens foram acrescentados, um a um, porque você os aceitou. As pessoas lhe fizeram solicitações e você disse "sim" a cada uma delas.

Agora que você começou a cortar compromissos não essenciais e liberar tempo para as tarefas de sua Lista Menor, mantenha sua agenda restrita aos compromissos que você já tem e não adicione nenhum novo, se possível. Às vezes, adicionar um novo item pode ser bom, caso seja algo de que você goste e para o qual alocou tempo cortando outra coisa de que não gosta tanto. Mas, na maioria das vezes, novas obrigações são simplesmente absorvidas e acabam consumindo o tempo e a energia que deveriam ser dedicados a atividades mais importantes e prazerosas.

Assim, evite novos compromissos aprendendo a dizer "não". Solicitações surgirão a todo momento, seja em casa ou no trabalho, por telefone, e-mail, ou até mesmo quando você encontrar alguém no mercado. Reconheça essas ocasiões e seja firme.

Isso é muito difícil para várias pessoas, que se veem obrigadas a dizer "sim" porque não se sentem bem negando um pedido, ou simplesmente porque não conseguem dizer "não" a um amigo que esteja precisando de um favor.

Mas você tem uma excelente razão para dizer "não": seu tempo é limitado e precioso.

Você poderá pensar que tem todo o tempo do mundo e que um compromisso não fará muita diferença. Mas a maioria das pessoas só tem umas duas horas livres por dia, se levarmos em conta o tempo gasto em dormir, arrumar-se, alimentar-se, deslocar-se para o trabalho e em outras tarefas diárias. Proteja seu tempo livre, ele é seu bem mais valioso.

Se você normalmente tem dificuldade em dizer "não", siga as dicas abaixo:

- **Em primeiro lugar, conscientize-se.** Entenda o que significam as solicitações: demandas que consomem o seu tempo. Conscientize-se de que seu tempo é extremamente limitado e que você deve aproveitá-lo fazendo as coisas que realmente lhe importam.

- **Pense em sua Lista Menor.** O pedido em questão está alinhado com suas quatro ou cinco prioridades? Caso não esteja, ele não é um compromisso essencial. Portanto, não o aceite em sua vida.
- **Seja honesto.** Explique à pessoa que você vem diminuindo a quantidade de compromissos, pois está sobrecarregado. Diga que está tentando manter o foco em suas prioridades e que não deseja se comprometer com mais nada no momento. Provavelmente ela vai compreender. Caso contrário, não se preocupe e lembre-se de que está fazendo o que é melhor para você.
- **Seja firme.** Diga "Sinto muito, mas não posso mesmo" e deixe claro que não está aberto a negociações. Se você não for firme, as pessoas poderão insistir até quebrar sua resistência.
- **Diga "Eu ajudaria, se pudesse".** Responda que você adoraria poder ajudar, mas que realmente está sem tempo no momento. Isso valida a solicitação, ao mesmo tempo que deixa bem claro que você não pode se comprometer agora.
- **Não se sinta culpado.** Mesmo se a pessoa insistir que precisa de você, não se preocupe – ela certamente encontrará alguém que possa substituí-lo. Nada neste mundo fracassou porque alguém disse "não" a uma solicitação. Resista ao sentimento de culpa se negar algo a uma pessoa querida. Ela fará o que tiver de fazer, com ou sem você.

CRIANDO TEMPO PARA FAZER O QUE VOCÊ GOSTA

Os mesmos conceitos usados na redução do número de compromissos em sua vida profissional podem ser aplicados para você criar tempo em sua vida pessoal e dedicá-lo a fazer o que gosta.

Mas como encontrar tempo e viver de forma mais relaxada e prazerosa? Isso é bastante simples, apenas requer um certo esforço para implantar o seguinte plano:

1. Em primeiro lugar, liste todas as coisas que você deseja fazer, as que realmente ama e às quais quer dedicar seu precioso tempo. Reduza essa lista a quatro ou cinco itens, se possível. Esta será sua Lista Menor, em que constam as coisas mais importantes de sua vida.
2. Olhe sua lista original e elimine tudo o que puder.
3. Organize seu tempo livre para que você consiga efetivamente fazer o que consta em sua Lista Menor.

Viu como é simples? Quando decidi passar mais tempo com minha família, tudo o que precisei fazer foi priorizar um tempo para isso. Agradeci e recusei convites para eventos sociais, consegui dizer "não" a amigos que queriam sair e cancelei alguns compromissos já agendados, pois nada era tão importante quanto ficar com a minha família. Quando decidi correr uma maratona, compreendi que precisaria acordar mais cedo para poder correr antes de levar meus filhos à escola e ir trabalhar. Acordar mais cedo significava ir dormir mais cedo, o que por sua vez significava ver menos televisão. Não houve problema, pois correr era minha prioridade.

Quando decidi escrever este livro, tive de abandonar outros projetos que não eram essenciais. Criei tempo para escrever. Do mesmo modo, se você se empenhar em abrir um espaço na sua agenda para as coisas que realmente gosta de fazer, eliminando os compromissos desnecessários, conseguirá criar a vida que quer viver. É apenas uma questão de se comprometer com suas prioridades.

Depois de considerar os três passos anteriores, tire um fim de semana para analisar as dicas a seguir, planejar como vai simplificar sua vida e começar a implantar as mudanças em sua agenda.

- **Descubra o que é importante.** Antes de mais nada, reflita sobre o que é importante para você. O que você realmente quer fazer? Com quem quer passar seu tempo? O que deseja realizar em seu trabalho? Faça uma Lista Menor contendo as quatro ou cinco coisas que você mais gosta de fazer.
- **Analise seus compromissos.** Uma grande parte do problema é que nossas vidas são cheias demais. Não conseguimos realizar tudo o que nos comprometemos a fazer e não sentimos prazer quando tentamos. Aceite isso como uma verdade, conscientize-se de que você deve fazer o que é importante para a sua vida e elimine os compromissos que não sejam essenciais.
- **Faça menos coisas ao longo do dia.** Não encha seu dia de coisas a fazer. Você acabará correndo de um lado para outro. Se você normalmente tenta (mas não consegue) realizar sete ou dez tarefas diárias, mude de atitude e "ataque" as três mais importantes (escolha outras três menores caso você consiga realizar as primeiras). Assim, você terá tempo para fazer o que é necessário sem correria.
- **Deixe um tempo livre entre os compromissos.** Um erro comum é tentar agendar um compromisso logo depois do outro. Essa estratégia, além de não acomodar eventuais atrasos, deixa a sensação de que estamos correndo e estressados o dia inteiro. Portanto, deixe um bom intervalo entre seus compromissos, para que possa se concentrar em cada

um deles e ainda ter um tempo confortável de transição entre um e outro.

- **Elimine o maior número de tarefas de sua lista de afazeres.** Você simplesmente não conseguirá fazer tudo o que planejou, e, mesmo que consiga, novas tarefas surgirão. Reduza sua lista de coisas a fazer ao mínino possível. Isso vai permitir que você corra menos e se dedique ao que realmente importa.
- **Agora, relaxe e sinta prazer em cada tarefa.** Esta é a dica mais importante deste capítulo. Leia-a novamente. O que quer que esteja fazendo – trabalhando, tomando banho, escovando os dentes, preparando o jantar ou dirigindo –, relaxe. Sinta prazer em tudo o que fizer. Tente prestar atenção no que está fazendo, em vez de ficar pensando em outra coisa. Viva o momento. Não é nada fácil, e você frequentemente vai se esquecer de fazer isso. Mas tente estabelecer um modo de se lembrar. Tudo é mais prazeroso quando você presta atenção ao agora.
- **Faça uma coisa de cada vez.** Este é um verdadeiro mantra para mim. Faça uma coisa de cada vez, e faça benfeito.
- **Elimine o estresse.** Identifique as coisas que lhe causam estresse e encontre uma maneira de eliminá-las.
- **Separe um tempo para ficar sozinho.** Além de diminuir seu ritmo e sentir prazer no que faz – e fazer menos, naturalmente –, é importante que você tenha um tempo para ficar sozinho consigo mesmo.
- **Não faça nada.** Às vezes, é muito bom se esquecer de tudo e não fazer nada. Não tenha medo de ser um pouco preguiçoso de vez em quando.
- **Tempere o seu dia com pequenos prazeres.** Conheça bem as pequenas coisas que lhe dão prazer e aproveite-as algumas vezes ao longo do dia. Isso tornará sua vida mais agradável.

- **Esteja presente.** Você pode praticar o hábito de viver o momento a qualquer hora do dia. Basta manter o foco no que estiver fazendo e esquecer o passado ou o futuro.
- **Tenha um tempo livre.** Simplificar sua vida é uma maneira de encontrar tempo para se dedicar ao que você realmente deseja fazer. Infelizmente, às vezes é difícil até mesmo ter tempo para pensar nisso. Neste caso, tire pelo menos 30 minutos por dia para refletir. Ou, se preferir, use um momento livre no fim de semana. Algumas ideias de como você pode abrir uma brecha de meia hora no seu dia: vendo menos TV, comendo no escritório em vez de sair para almoçar, fazendo uma caminhada na hora do almoço, desconectando a internet, checando seu e-mail somente uma vez, desligando o celular ou realizando uma tarefa a menos.

CATORZE
Uma rotina mais simples

Nos últimos dois anos, descobri o poder de ter uma rotina simples, especialmente pela manhã e à noite. Ter rotinas simples fornece uma dose extra de energia ao seu dia e, ao mesmo tempo, proporciona uma sensação de calma e sanidade à sua vida.

Recomendo que você pense com carinho em suas manhãs e noites – dois períodos importantes de seu dia que podem mudar sua vida. Examinar sua rotina diária certamente lhe trará grandes benefícios.

O PODER DA ROTINA MATINAL

Uma das principais recompensas que uma mudança trouxe à minha vida foi a sensação de paz que consegui ao estabelecer uma rotina matutina. Criei o hábito de acordar antes de todos, mais ou menos às 4h30 da manhã, e desfrutar de um pouco de silêncio e tranquilidade.

Isso fez toda a diferença do mundo.

Eu me sento, tomo uma xícara de café e aprecio a quietude. Depois saio para dar uma corrida, o que alivia meu estresse e me ajuda a refletir. Uso esse horário sossegado antes de minha família acordar para escrever e para ler um bom romance.

Mas nem todos gostam de acordar cedo, claro. Então crie sua própria rotina incorporando algo que lhe proporcione calma, tranquilidade ou alívio do estresse. Pratique durante duas semanas para que isso se torne um hábito, mantenha o foco nessa meta e logo, logo você não vai querer outra coisa.

Com uma bem planejada rotina matutina você poderá:

- Preparar-se para seu dia e estabelecer suas metas.
- Praticar exercícios, ler, escrever ou fazer qualquer outra coisa para a qual normalmente não tem tempo.
- Fazer algo que seja prazeroso e relaxante.

Há outras coisas que você poderá fazer quando estabelecer uma rotina matutina, mas essas três já tornarão suas manhãs uma ferramenta poderosa para transformar sua vida.

IDEIAS PARA UMA ROTINA MATUTINA

Escolha de quatro a seis das ideias abaixo para criar sua rotina matutina – ou acrescente qualquer outra que quiser. Mas lembre-se de manter uma rotina simples; mais de seis atividades transformarão sua manhã em uma correria, ou você não terá tempo para todas elas. Teste sua nova rotina por alguns dias e vá ajustando o que for necessário. Talvez ela não saia como você esperava, ou talvez fique mais demorada do que havia imaginado. Sem problemas. Vá fazendo os ajustes.

- Tome uma xícara de chá ou café.
- Assista ao nascer do sol.
- Faça um exercício físico.
- Tome uma boa ducha.
- Tome um banho de banheira.

- Leia.
- Tome um bom café da manhã.
- Faça ioga.
- Medite.
- Faça uma caminhada ao ar livre.
- Prepare o almoço.
- Escreva.
- Leia o jornal.
- Escolha as três Tarefas Mais Importantes do dia.
- Revise suas metas.
- Agradeça por tudo o que você tem.

Repare que "checar e-mail" e outras atividades relacionadas a seu trabalho não estão nessa lista. Sugiro que só se dedique a essas coisas depois de completar sua rotina matutina. Caso contrário, você corre o risco de se envolver com seus e-mails e ficar sem tempo para as outras atividades.

CARREGUE SUAS BATERIAS PARA O DIA SEGUINTE COM UMA ROTINA NOTURNA

Planejar uma rotina noturna relaxante, que nos prepare para o dia seguinte, pode fazer uma enorme diferença na manhã seguinte.

Uma rotina noturna leva de 10 a 30 minutos, podendo durar algumas horas, de acordo com suas necessidades. Alguns objetivos comuns de uma rotina noturna são:

- Preparar-se para o dia seguinte.
- Desacelerar seu ritmo após um dia longo.
- Repassar o dia.
- Limpar a casa.
- Relaxar antes de dormir.

- Passar um tempo valioso com a família.
- Ler, escrever ou fazer exercícios.

IDEIAS PARA UMA ROTINA NOTURNA

Escolha entre quatro e seis atividades da lista abaixo para sua rotina noturna ou acrescente outras, se desejar. E, novamente, lembre-se de manter sua rotina simples. Experimente-a por alguns dias e faça os ajustes necessários.

Aqui vão algumas ideias:

- Prepare o jantar.
- Jante.
- Tome um bom banho.
- Leia o jornal.
- Escreva.
- Leia.
- Exercite-se.
- Prepare suas roupas ou o almoço para o dia seguinte.
- Medite.
- Escreva em seu diário.
- Reveja seu dia.
- Faça um tratamento facial.
- Leia para seus filhos.
- Limpe a casa.
- Converse com seu parceiro.

Repare que aqui também não há "checar e-mail" ou qualquer outra atividade relacionada ao trabalho. Aproveite a noite para relaxar e se preparar para o dia seguinte.

Pode parecer muito fácil criar uma rotina simples, mas desistir dela é igualmente fácil. Você precisa torná-la um hábito.

Os passos-chave para estabelecer rotinas são os seguintes:

1. **Mantenha o foco.** Faça da nova rotina sua meta mais importante durante um mês. Manter muitos hábitos ao mesmo tempo divide seu foco e diminui suas chances de sucesso.

2. **Torne sua rotina algo compensador.** Se você estabelecer uma rotina relaxante, ela própria será sua recompensa. Pela manhã, faça atividades prazerosas para começar o dia com o pé direito e chegar tranquilo ao trabalho. À noite, prepare-se para o dia seguinte fazendo uma revisão de seu dia e passando algum tempo sossegado. Rotinas que nos dão satisfação nos fazem esperar por elas ansiosamente.

3. **Registre seu progresso.** Essa é uma boa forma de avaliar seu sucesso. Você pode usar um diário, uma agenda ou um calendário para suas anotações. O importante é que você faça o registro para que possa acompanhar seu desempenho ao longo de um mês.

QUINZE

Organize seu espaço de trabalho

Uma mesa de trabalho organizada permite que você se concentre em suas tarefas. Esta é a chave para ser eficiente em qualquer coisa que esteja fazendo.

Já ensinamos um sistema simples para manter todos os seus papéis nos devidos lugares. Mas o que fazer se sua mesa de trabalho já estiver entulhada de pilhas de papéis, recados, *post-its*, anotações, fotos, ferramentas, equipamentos e outras coisas mais? Como organizar o caos em que ela se transformou? Por onde começar?

Neste capítulo vamos discutir como arrumar seu principal espaço de trabalho (seja na empresa ou em casa) usando a mesma técnica empregada para organizar outras áreas de sua vida.

OS BENEFÍCIOS DE UMA MESA DE TRABALHO LIMPA

Ter um local limpo e organizado para trabalhar traz dois benefícios extremamente importantes:

1. **Manter o foco.** Já mencionei várias vezes a importância de manter o foco e de limpar sua mesa e sua mente para se concentrar

no que está fazendo. Se não conseguir fazer isso, sua produtividade cai e você perde um tempo precioso. Uma mesa de trabalho bagunçada está cheia de distrações visuais. Se você estiver tentando realizar uma tarefa e vir uma pilha de pastas ou anotações espalhadas, acabará desviando sua atenção e perderá o foco. Mas com uma mesa livre de qualquer distração, sua mente não tem outra alternativa a não ser concentrar-se no que você deve fazer.

2. Desfrutar de uma sensação calma. Manter a mesa limpa me ajuda a manter a mente serena. Estímulos visuais em excesso podem ser estressantes, mesmo que não os percebamos. Quando organizamos o ambiente à nossa volta, o nível de estresse diminui sensivelmente.

Foco e serenidade são dois elementos-chave deste livro, por isso considero válida qualquer oportunidade de aperfeiçoá-los. Se você não se identificar com esse estilo de trabalho, pode retomar seu antigo sistema quando quiser.

POR ONDE COMEÇAR

Começar é sempre a parte mais difícil para a maioria de nós. Ter pilhas e pilhas de coisas sobre a mesa (sem mencionar as gavetas) nos intimida tanto que desanimamos antes mesmo de pôr a mão na massa.

Mas se você conseguir começar, provavelmente descobrirá que não é tão difícil assim e que você pode até se divertir um pouco. O primeiro passo é o mais complicado; o resto é fácil.

Veja como começar:

1. Reserve um tempo. Você não precisa gastar um dia inteiro – mas é claro que pode fazê-lo, se quiser. Uma hora é um bom começo, se esse tempo for adequado a você. Ou até mesmo 30 minutos podem ser suficientes, se estiver muito ocupado. Anote esse compromisso em sua agenda de hoje e não adie.

2. Junte todos os papéis que estão em sua mesa e forme uma grande pilha com eles. Você logo "atacará" essa pilha.

3. Tire tudo de cima da mesa. Deixe só computador, telefone e outras ferramentas essenciais. Coloque todo o resto, pelo menos por enquanto, ao lado da pilha de papéis.

4. "Ataque" a pilha. Pegue alguns papéis e comece a organizá-los. Não pule nenhum, nem coloque nada de volta na pilha. Realize a ação que cada documento requer e pegue o próximo. Suas opções são: descartar, delegar, arquivar, realizar a tarefa ou separar para resolver depois. Exatamente nesta ordem. Se não pode descartar, delegue, ou então arquive, ou, em último caso, coloque na pilha de coisas a fazer.

5. Trabalhe durante o tempo que puder. Em seguida, marque em sua agenda outra sessão para organizar mais alguns documentos e outros itens (ou terminar a pilha, se possível).

CONCENTRE-SE NO QUE É ESSENCIAL

Assim que você tiver dado conta da pilha de papéis e dos outros objetos que estavam sobre sua mesa, pare e se questione: o que é essencial? Do que você realmente precisa para realizar o seu trabalho? O que você usa com frequência e o que está apenas entulhando seu espaço?

Comece com o que fica sobre sua mesa. Tudo o que você deve ter à mão são os itens necessários à tarefa que você está executando no momento, não o que vai precisar usar mais tarde. Os itens essenciais para a maioria das pessoas são: o computador, um telefone, um organizador de papéis e talvez um caderno e uma caneta, caso você goste de anotar o que deve fazer depois. Além disso, precisa de pastas e dos papéis necessários para a tarefa que estiver realizando. Depois que a tarefa estiver concluída, guarde tudo em uma pasta dentro da gaveta.

Veja algumas dicas para manter somente o que é essencial em seu espaço de trabalho:

- **Examine as pastas e pilhas de papéis sobre sua mesa.** Utilize a técnica que acabamos de mostrar, listando o que deve ser feito mais tarde e arquivando tudo longe da sua vista.
- **Descarte toda e qualquer distração, como enfeites, potinhos, etc.** Deixe apenas algumas fotos de sua família – o resto provavelmente será apenas distração.
- **Arrume uma gaveta ou prateleira por vez.** Concentre-se em um local de cada vez e o esvazie completamente, limpando-o em seguida. Faça uma pilha e classifique seu conteúdo (veja a próxima dica). Guarde de volta somente o que você de fato precisa ter. Depois faça o mesmo com a próxima gaveta ou prateleira.
- **Analise a pilha e tome decisões rápidas.** Tenha à mão um saco de lixo para as coisas que você pode jogar fora. Depois de tirar tudo da gaveta ou da prateleira, pegue item por item e avalie o que deve ser descartado, doado ou guardado. Faça isso com tudo o que estiver na pilha e logo terá terminado. Se você ficar pensando demais sobre cada coisa, levará um século para terminar. Guarde somente o que for realmente necessário, arrumando com cuidado de volta no lugar.
- **Papéis? Seja inflexível, só guarde o que for realmente importante**. Revistas, catálogos, correspondência inútil, contas

antigas, lembretes, papéis velhos... jogue tudo fora! Exceto documentos importantes, claro.

- **Se você ficar em dúvida sobre vários itens, crie uma caixa de "Talvez".** Se não quiser jogar fora algo de que possa vir a precisar no futuro, arquive-o numa caixa, cole uma etiqueta e escreva "Talvez". Depois lacre a caixa e guarde-a em algum lugar fora de seu campo de visão. Provavelmente você nunca mais olhará para ela e seis meses ou um ano depois jogará tudo fora.

Comemore sua conquista! Celebre sempre suas realizações, não importa se são grandes ou pequenas. Mesmo que você tenha conseguido organizar apenas uma gaveta, isso já é ótimo! Ofereça uma recompensa deliciosa a si mesmo: abra a gaveta limpa e admire sua simplicidade. Respire fundo e conscientize-se de ter feito algo importante. Relaxe e aprecie a sensação de paz que virá em seguida.

UM SISTEMA PARA MANTER AS COISAS ORGANIZADAS

Uma vez que conseguiu organizar seu espaço de trabalho, deixando-o livre de distrações, seu desafio agora é mantê-lo assim. Se você retomar seus velhos hábitos, em pouco tempo sua mesa estará entulhada novamente – e isso em geral leva poucos dias para acontecer!

Portanto crie um sistema simples e adquira alguns hábitos para que ele funcione bem. Sugiro o seguinte:

1. **Tenha uma caixa de entrada para todos os papéis que chegarem.** Não deixe nada espalhado em sua mesa. Coloque todos os papéis na caixa de entrada, inclusive anotações e mensagens.

2. Uma vez por dia, examine sua caixa de entrada e a esvazie. Use o sistema descrito na seção anterior – jogar fora, delegar, arquivar ou anotar em sua lista de tarefas para realizar depois. Sempre resolva tudo até esvaziá-la.

3. Tenha um lugar específico para guardar cada coisa. Não guarde os papéis aleatoriamente. Quando terminar de resolver a tarefa referente a um documento, guarde-o no lugar imediatamente.

Tente manter o foco nesses três hábitos durante uma semana e esse sistema garantirá um espaço de trabalho novo, limpo e visualmente sereno por meses e meses. Pode levar um tempo até você adquirir esse hábito. Ocasionalmente você vai se esquecer de deixar as coisas organizadas, mas, assim que perceber sua falha, retome suas ações. Em pouco tempo o hábito estará enraizado e será difícil quebrá-lo. Acredite: quando você se acostumar a ver sua mesa limpa e arrumada, não vai querer voltar atrás.

UMA CASA SIMPLES

Depois de limpar e organizar seu escritório, talvez você sinta necessidade de organizar também a sua casa. Use as mesmas técnicas que discutimos anteriormente para organizar seu lar. Só para citar alguns benefícios dessa atitude:

1. Menos estresse. A bagunça é uma forma de distração visual. Tudo o que está em nosso campo de visão atrai nossa atenção. Quanto menos desorganização houver à nossa volta, menos estresse visual temos. Uma casa simples é mais relaxante.

2. Mais beleza. Pense em casas cheias de coisas e depois em casas com uma decoração minimalista. As que mais nos agradam são aquelas que não têm nada além de móveis bonitos, alguns objetos de arte e poucos ornamentos. Você pode tornar sua casa muito mais agradável livrando-a dos excessos.

3. **Mais facilidade de limpar.** É difícil varrer, tirar o pó e limpar bem uma casa quando há uma proliferação de móveis e objetos. Quanto mais coisas você tiver, mais difícil será a limpeza. Pense em como é muito mais fácil limpar um cômodo vazio do que um lotado. Esse é um exemplo exagerado, é claro – pois naturalmente não recomendo que você deixe sua casa vazia –, mas serve para ilustrar a diferença.

Na hora de organizar sua casa, siga o mesmo método que sugeri anteriormente para seu espaço de trabalho, concentrando-se em um cômodo por vez. Dentro de cada cômodo, dedique-se somente a uma gaveta ou prateleira de cada vez. Tire tudo do lugar, analise friamente cada item e descarte o que não for indispensável.

Todos os dias, mesmo que seja apenas por 10 ou 20 minutos, tire um tempo para limpar e organizar uma área pequena. Se preferir, você pode usar um fim de semana para arrumar a casa inteira.

COMO MANTER SUA CASA ARRUMADA

Assim que você conseguir deixar sua casa razoavelmente organizada, crie uma estratégia para não voltar a acumular entulhos. Há uma razão para as pilhas de papel, brinquedos e roupas estarem espalhadas pela casa: você não tem um sistema regular que ajude a manter as coisas no lugar e a descartar aquilo que é desnecessário. Se você parar e refletir sobre o que levou sua casa a se tornar tão bagunçada, talvez encontre maneiras de evitar que isso volte a acontecer.

Aqui estão algumas sugestões:

- Determine um lugar para cada coisa e torne-se obsessivo por arrumação. Sempre que encontrar algo fora do lugar, pergunte-se qual é o lugar certo daquele objeto. E se não houver um local determinado, crie um imediatamente. Se não fizer isso, você nunca se livrará da desordem e as coisas continuarão espalhadas pela casa. Talvez você só precise de um pouco de disciplina. Nesse caso, dê-se o prazo de um mês para criar o hábito de guardar tudo em seu lugar certo. Você notará uma enorme diferença.
- Planeje sessões regulares de arrumação. Se você organizar a sua casa, tudo parecerá bem melhor, mas é preciso fazer a manutenção. Anote esse compromisso em seu calendário – uma vez por semana, uma vez por mês, ou até a cada dois meses. Faça um teste para ver qual intervalo se encaixa melhor em sua realidade.
- Contenha seu ímpeto consumista. Se as coisas vão se acumulando muito depressa em sua vida, está na hora de analisar seus hábitos de consumo. Você compra roupas, sapatos, acessórios ou livros toda semana (ou com frequência até maior)? Não resiste a ofertas on-line? Compra apenas por necessidade ou simplesmente porque adora comprar? Analise honestamente seus hábitos e desejos e estude como equilibrá-los. Diminuir sua compulsão ajudará a reduzir o acúmulo de itens desnecessários em sua vida.
- Faça uma "lista de 30 dias". Essa é uma ótima técnica para controlar seu impulso de comprar. Toda vez que sentir vontade de adquirir algo (que não seja uma necessidade básica), anote a data e o seu objeto de desejo. Não se permita comprar esse item até que ele permaneça em sua lista por 30 dias. Até lá, a vontade já deve ter passado.

- Mude seus hábitos. A bagunça e os excessos não surgiram do nada. Eles existem porque você os criou. Que hábitos podem ter sido responsáveis por isso? Talvez alguns dos que já mencionamos: compulsão por compras; não ter um local determinado para cada coisa; não guardar imediatamente o que está fora do lugar; comprar itens novos e não se desfazer dos velhos... Mude esses hábitos, um de cada vez. Reserve 30 dias para criar novos hábitos que lhe permitam reduzir a bagunça e a desorganização.

DEZESSEIS

Desacelere

Atualmente nossa vida transcorre numa velocidade alucinante, inimaginável há duzentos anos. Cada minuto de nossa agenda está lotado de afazeres, tarefas e obrigações. Corremos de um lado para outro, do momento em que nos aprontamos de manhã até finalmente desmaiarmos na cama, exaustos, ao final de um dia longo e agitado.

O problema é que não fomos feitos para funcionar dessa maneira. O corpo e a mente do ser humano foram projetados para levar a vida num ritmo mais lento. Podemos lidar com o estresse de ser perseguidos por um predador, mas não conseguimos suportar a sobrecarga e o estresse constantes. O resultado é que nos sentimos estafados e infelizes. Procure ter uma vida mais tranquila e certamente você será mais feliz e mais produtivo.

Neste livro, você não aprenderá a fazer mais coisas em menos tempo, e sim a fazer as coisas certas – e da melhor maneira possível. Essa simples combinação pode ter um impacto incrível em sua eficácia e em quanto você consegue realizar. E, independentemente de qualquer coisa, você se sentirá muito melhor.

Nossa atenção é um de nossos bens mais preciosos. Aquilo a que damos atenção se torna nossa realidade; os projetos nos quais focamos são aqueles que concluímos.

Infelizmente, com o ritmo caótico de nossas vidas, nossa atenção é atraída para diversas direções o tempo todo. Alteramos nosso foco a todo momento, e isso significa que não damos atenção suficiente a nada.

Aprenda a manter sua atenção e a mudar de foco com mais critério, de modo mais tranquilo. Assim, gradualmente, você começará a perceber melhor as coisas. E ficará menos estressado.

Veja como fazer isso:

- **Escolha uma tarefa simples como ponto de partida.** Tente manter sua atenção nessa tarefa sem alterar o foco. Pode ser qualquer coisa – comer, cuidar do jardim, lavar a louça, passar a roupa ou cozinhar. Observe cada vez que sua atenção se desviar. À medida que você se tornar mais consciente de como direciona sua atenção, aprenderá a controlá-la melhor.
- **Pratique essa técnica ao longo do dia, não importa o que esteja fazendo.** Esteja tomando banho ou comendo, mantenha seu foco nessa atividade. Pare toda vez que perceber que sua atenção se voltou para algo diferente.
- **Use esta técnica simples de meditação.** De manhã cedo, sente-se em um lugar confortável e feche os olhos. Em seguida, mantenha o foco em sua respiração. Se sua atenção se desviar, tome consciência de seus pensamentos e então volte a se concentrar em sua respiração. Sinta o ar entrar e sair de seu corpo. Mantenha o foco em sua respiração pelo máximo de tempo possível. Isso requer um pouco de prática, mas logo se tornará mais fácil.

TRABALHE MAIS DEVAGAR

Apesar de parecer contraditório, trabalhar em um ritmo mais lento pode torná-lo mais produtivo. Se você mantiver o foco nas tarefas e nos projetos importantes, realizará mais e de forma mais eficiente.

Quem trabalha 12 horas por dia em um ritmo frenético, executando o maior número possível de tarefas, não consegue realizar muita coisa importante. E isso não é mera teoria – muitas pessoas fazem isso. Trabalham duro, mas não chegam a lugar nenhum. Elas se dedicam a múltiplas tarefas e são muito rápidas, mas se sentem exaustas o tempo todo. Certamente essa não é a maneira mais eficaz de se trabalhar.

Em vez de cair nessa armadilha, tente o seguinte método:

1. **Faça um trabalho de que goste.** Se você odiar uma determinada tarefa, nunca conseguirá se envolver com ela. Se seu trabalho consiste em fazer coisas que você detesta, é melhor pensar em arranjar outro emprego. Ou então arrume uma maneira de participar de projetos que de fato lhe interessem. É fundamental realizar tarefas que lhe dão prazer.

2. **Dedique-se a tarefas importantes.** Existem tarefas que você ama e que são fáceis e sem importância, e existem aquelas que você adora e que trarão um impacto duradouro em sua carreira. Escolha as que pertencem à última categoria e, assim, você estará fazendo um uso muito melhor de seu tempo.

3. **Escolha tarefas desafiadoras, mas não impossíveis.** Se uma tarefa é fácil demais, você não precisará se esforçar muito para concluí-la. Por outro lado, se for muito difícil, você não conseguirá se envolver com ela e gastará um tempo enorme tentando solu-

cioná-la – ou então perderá a motivação. Uma tarefa deve apresentar o grau certo de desafio para demandar sua total concentração. Talvez você precise de uma certa dose de experimentação para identificar quais tarefas têm nível apropriado de dificuldade.

4. Identifique um período calmo em que sua produtividade esteja em alta. Na verdade, temos aqui dois conselhos. Inicialmente, identifique o período do dia que seja mais tranquilo, caso contrário você não conseguirá manter o foco. Pode ser de manhã cedinho, logo que acordar, ou no início de sua jornada de trabalho, antes de seus colegas chegarem, ou ainda no horário do almoço, quando o escritório fica mais vazio. Qualquer que seja esse período, ele também deve ser aquele em que você tem mais energia. Algumas pessoas ficam um pouco lentas após o almoço, portanto essa não seria uma boa hora para colocar em prática este método. Descubra o horário em que você está mais produtivo e possa se concentrar.

5. Afaste qualquer distração e concentre-se. Em seguida, elimine tudo o que possa distraí-lo – desligue o som (a não ser que a música o ajude a se concentrar), os telefones, feche seu correio eletrônico e qualquer outra fonte de interrupção. Então mantenha seu foco na tarefa em questão pelo maior tempo possível.

6. Trabalhe com prazer. Envolver-se em uma tarefa é uma experiência muito prazerosa e nos faz sentir que canalizamos nossa energia para algo que vale a pena, que significa uma conquista ou um avanço em direção à conclusão de um projeto importante. Aprecie essa sensação.

7. Continue a praticar. Como todos os demais, este método também requer prática. Para executar cada passo – encontrar um horário sossegado, identificar seu período de maior energia, afastar as distrações, escolher a tarefa certa –, você precisa praticar e, principalmente, manter seu foco durante um longo tempo. Caso algo não saia como previsto, analise a situação e aprenda com seus erros. Aprenda também com cada pequeno sucesso. Quanto mais você praticar, melhor será o resultado.

8. Colha os frutos. Além do prazer de se envolver plenamente com um tarefa, você se sentirá mais feliz em relação ao seu trabalho em geral e concluirá projetos e tarefas importantes sem interrupções constantes. E isso é altamente compensador. Separe um tempo para saborear as recompensas de suas realizações e continue praticando este método todos os dias.

COMA MAIS DEVAGAR

Com o corre-corre diário, muitos de nós temos pouco tempo para fazer as refeições e acabamos engolindo qualquer coisa rapidamente – mais um hábito estressante e nada saudável.

Se comermos mais lentamente, conseguiremos mudar esse estilo de vida. Como? Pegue porções menores de alimento, mastigue mais devagar e aprecie o que está comendo. Você levará alguns minutos adicionais, mas os efeitos positivos serão enormes.

Eis algumas razões para você considerar o simples ato de comer mais lentamente:

1. Perder peso. Vários estudos comprovam que, ao comer mais devagar, consumimos menos calorias. Você sabia que é possível perder cerca de 10kg por ano mesmo sem fazer ou comer nada diferente? A razão é que nosso cérebro precisa de 20 minutos para registrar que estamos saciados. Se comermos muito rápido, possivelmente continuaremos comendo além do ponto de satisfação;

mas, se comermos devagar, nosso cérebro terá o tempo necessário para registrar que já nos alimentamos o suficiente e enviar o sinal de que é hora de parar. Continuo recomendando que você consuma sempre alimentos saudáveis, mas, se quiser perder peso, deve incorporar o hábito de comer devagar ao seu novo estilo de vida.

2. **Apreciar a comida.** Este é outro hábito poderoso. Ninguém consegue apreciar qualquer alimento se comer rapidamente. E se não quiser abrir mão daquelas comidinhas "proibidas", coma um pouco, sim, mas bem devagar. Pense no seguinte: você gosta de comer doces, frituras, pizza, etc., porque aprecia seu sabor. Se você comer lentamente, apreciará mais o sabor e irá ingerir uma quantidade menor. Além disso, ficamos mais felizes quando temos tempo para apreciar os alimentos com calma. Faça de cada refeição um momento de prazer, não uma atividade que você executa correndo, como tantas outras.

3. **Ter uma digestão melhor.** Comendo devagar, você mastigará mais e terá uma digestão melhor. A digestão, na verdade, já se inicia na boca. Então, quanto mais você mastigar um alimento, menos trabalho dará a seu estômago. Consequentemente, estará menos sujeito a problemas digestivos.

4. **Diminuir o estresse.** Comer devagar e prestar atenção ao que você está comendo pode ser um ótimo exercício de concentração. Aprecie o momento e não "passe" por uma refeição pensando no que precisa fazer em seguida. Se você estiver se alimentando, simplesmente se alimente. Essa consciência trará uma vida menos estressante e mais feliz. Experimente.

5. **Dizer não à "comida rápida" e à "vida rápida".** Nossa rotina acelerada, estressante e caótica – a "vida rápida" – nos leva

a consumir "comidas rápidas". Esse estilo de vida é desumano e destrói a nossa saúde. Corremos o dia todo, executando tarefas no piloto automático, não temos tempo para apreciar a vida e interagir com os outros. E isso não é nada bom. Diga não a esse estilo de vida começando com o pequeno ato de desacelerar suas refeições. Não coma bobagens. Vá a bons restaurantes ou, melhor ainda, se puder, cozinhe você mesmo seus alimentos e aprecie a comida. Saboreie a vida.

DIRIJA MAIS DEVAGAR

Hoje em dia, dirijo mais devagar. Já fui um motorista maníaco, sempre ultrapassando todos os carros e pisando fundo no acelerador. Eu me irritava quando alguém andava devagar na minha frente, ou quando me cortavam. Dirigir era realmente estressante para mim.

Mas isso é passado. Hoje, dirigir se tornou uma experiência mais calma e serena, que aprecio muito mais.

Agora olho para os outros motoristas e me pergunto se eles precisam mesmo correr tanto. Imagino se realmente vale a pena queimar tanto combustível, se estressar tanto e arriscar tantas vidas. Penso em outras coisas também, pois dirigir se tornou um ato de reflexão para mim. Aconselho a todos que dirijam mais devagar – por diversas razões, mas a principal é que agir assim me ajudou a ser mais feliz. Algo tão simples, mas que faz uma diferença incrível.

Aqui estão algumas razões para dirigir mais devagar:

1. **Economizar combustível.** As melhores maneiras de economizar combustível são evitar dirigir em marcha lenta, acelerar e desacelerar de forma mais gradual e dirigir mais devagar. Com os altos preços dos combustíveis hoje em dia, desperdiçar combustível por dirigir rápido demais não faz o menor sentido.

2. **Salvar vidas.** Dirigir em alta velocidade pode matar. Duas estatísticas: nos Estados Unidos, acidentes de trânsito constituem a principal causa de morte de adolescentes entre 12 e 16 anos de idade. Surpreendentemente, se você dirigir a 57km/h, tem duas vezes mais probabilidade de matar alguém do que se dirigir a 48km/h. Quando dirigimos em alta velocidade, não temos tempo suficiente para reagir se algo surgir à nossa frente, e até uma fração de segundo pode fazer a diferença entre a vida e a morte. Vá mais devagar, para sua própria segurança e a dos que estão à sua volta... principalmente quando houver ciclistas, corredores, escolas e crianças nas proximidades.

3. **Economizar tempo?** Você pode pensar que andar mais rápido vai economizar seu tempo, mas essa economia, na verdade, é mínima. Além disso, esse tempo "ganho" não compensa os outros fatores mencionados acima. É melhor sair alguns minutos mais cedo e chegar na mesma hora que alguém que dirigiu com pressa por ter saído de casa mais tarde – a diferença é que você estará menos estressado e mais feliz do que a outra pessoa.

4. **Preservar sua sanidade.** As três razões acima são importantes, mas, para mim, a diferença mais notável foi a grande redução do meu nível de estresse. Dirigir não é mais uma experiência enlouquecedora; agora é um momento prazeroso e relaxante. Não fico mais com raiva quando outros motoristas dirigem devagar na minha frente, nem quando me ultrapassam.

5. **Simplificar sua vida.** Além de diminuir sensivelmente seus níveis de estresse, desacelerar no trânsito evita muitas outras complicações: os acidentes, as multas por excesso de velocidade, os abastecimentos frequentes. Tirar o pé do acelerador também ajuda a diminuir o ritmo frenético da nossa vida. Por que

precisamos estar sempre correndo? Desacelere e desfrute mais a vida. Se você estiver sempre com pressa de chegar a algum lugar, quando irá atingir seu verdadeiro destino de ser feliz? A vida é uma jornada – torne-a prazerosa.

Algumas dicas que podem funcionar muito bem para mudar seu jeito de dirigir:

- **Ouça uma música relaxante.** Qualquer coisa que o relaxe será ótimo.
- **Ignore os outros motoristas.** Não se irrite com o que os outros motoristas estão fazendo. Resista à tentação de dirigir mais rápido para se vingar deles. Apenas os ignore.
- **Saia mais cedo.** Se você corre porque está atrasado, habitue-se a sair de casa mais cedo. Assim você não se preocupará em chegar atrasado e poderá desfrutar o caminho.
- **Aproveite para pensar.** Use seu tempo ao volante para refletir. Pense no que pretende fazer durante o dia (ou reveja o que fez), reflita sobre sua vida como um todo e sobre aonde você quer chegar.
- **Mantenha-se à direita.** Se você dirigir mais lentamente que os malucos à solta, é melhor sair do caminho deles e manter-se à direita. Mesmo ignorando os outros motoristas que podem se irritar com você por estar dirigindo devagar, convém ser educado no trânsito.
- **Aprecie o caminho.** Acima de tudo, transforme a experiência de dirigir em um momento de prazer – seja ouvindo uma boa música ou pensando na vida. Desfrute o caminho e lembre-se de que a jornada é tão importante quanto o destino.

DEZESSETE
Saúde e boa forma

Exercitar-se, manter-se saudável e em forma são atitudes que trazem inúmeros outros benefícios, principalmente mais energia e produtividade. Um bom exercício nos dá mais energia ao longo de todo o dia e aguça nossa mente para trabalhar melhor. Embora todo mundo queira ficar em forma e ter um estilo de vida mais saudável, muitas vezes esse desejo termina em frustração e as pessoas acabam desistindo mesmo antes de começar.

A receita para termos saúde e uma boa forma física é simples e bastante conhecida: alimentação saudável e exercícios regulares. Apesar de básica, esta receita não é tão fácil de ser seguida, se levarmos em consideração todas as dificuldades que enfrentamos em nossa vida diária. Ou, pelo menos, pode parecer algo complicado, se você não sabe como fazê-lo. Mas não precisa ser assim.

Neste capítulo, vamos analisar algumas das dificuldades que encontramos para alcançar a boa forma e traçar um plano simples, para que você se mantenha motivado a segui-lo. E como a alimentação saudável está intrinsecamente ligada à boa forma física, discutiremos também algumas maneiras de você aprender a comer direito.

AS DIFICULDADES DE SE MANTER EM FORMA

Vamos começar analisando por que é tão difícil para algumas pessoas ter uma alimentação balanceada e por que elas só conseguem se manter na linha por uma ou duas semanas:

- Em geral, as pessoas têm uma dieta muito restrita e por isso sentem dificuldade em mantê-la por muito tempo.
- Elas comem tão pouco que, depois de um tempo, ficam com muita fome e se permitem comer excessivamente.
- Elas acreditam que estão se alimentando bem, mas ingerem muitas calorias que estão "escondidas" em refrigerantes, molhos de salada, coberturas de sobremesas, etc.
- A tentação do fast-food é muito grande, principalmente quando as pessoas estão na rua, cheias de trabalho ou correndo para algum lugar.
- Eventos sociais, como festas do escritório, reuniões familiares, noitadas com amigos, comemorações de aniversários, quase sempre sabotam dietas saudáveis.

Essas cinco razões impedem qualquer pessoa de ter uma alimentação adequada se ela não se preparar, traçando um plano para sobreviver a isso.

Manter um programa de exercícios é igualmente complicado, pois, além das dificuldades mencionadas acima, há outras razões bem comuns que atrapalham sua regularidade:

- As pessoas começam com uma carga de exercícios muito pesada, ou aumentam o grau de dificuldade rapidamente, e logo se sentem exaustas ou têm alguma lesão.
- Se os resultados não aparecem na primeira ou na segunda semana, a motivação acaba.

- Por não encontrarem tempo para se exercitar durante alguns dias, as pessoas acabam desistindo.

Por isso vamos criar agora um plano simples para você conquistar a boa forma.

UM PLANO SIMPLES PARA A BOA FORMA

Precisamos de uma estratégia simples de ser adotada e, acima de tudo, fácil de seguir por anos e anos. Você não vai ver resultados imediatos, pois ninguém consegue manter um plano radical por muito tempo.

A saúde e a boa forma são adquiridas ao longo de meses e anos. Uma mudança duradoura só é promovida gradualmente, com uma melhoria de cada vez, de modo que ela se sustente por toda a vida. Da mesma forma, nosso plano irá começar devagar, mas você conseguirá mantê-lo por muito tempo.

Dizem que a dieta é responsável por 80% da perda de peso. Isso em parte é verdade, pois com uma boa dieta você conseguirá emagrecer mesmo sem se exercitar. Por outro lado, é muito difícil perder peso com uma dieta inapropriada mesmo fazendo exercícios físicos. Mas vamos tentar equilibrar isso, por duas boas razões: 1) nosso objetivo não é somente perder peso, mas adquirir boa forma, e para isso precisamos tanto de dieta quanto de exercícios; e 2) se você começar com os exercícios, a dieta será o próximo passo lógico. É difícil exercitar-se sem se alimentar corretamente.

Aqui está nosso plano simples para uma boa forma:

1. Durante o primeiro mês, mantenha seu foco exclusivamente em adquirir o hábito de se exercitar. Não se preocupe com a dieta ainda, mas você pode começar a se alimen-

tar melhor, se quiser. Nosso foco nesse momento é criar o hábito de fazer exercícios, torná-lo regular e tão importante quanto escovar os dentes. Vamos começar com pouco.

2. No segundo mês, você vai manter os exercícios e começar a fazer mudanças graduais e saudáveis em sua alimentação.
3. Nos meses seguintes, você deve estabelecer metas de curto prazo para melhorias contínuas em seu plano de exercícios e alimentação e fazer uma avaliação mensal do seu progresso.

PASSO Nº 1: CRIAR O HÁBITO DE SE EXERCITAR

Criar esse hábito não deverá ser uma tarefa difícil. Será como implementar qualquer outro hábito – tudo o que você precisa fazer é manter-se consistente. Segundo um provérbio espanhol, hábitos se iniciam como teias de aranha, mas acabam se tornando cabos de aço. Começaremos então com fios bem fininhos e gradualmente os engrossaremos até se tornarem fortes como cabos.

Se você possui algum problema de saúde, como doenças cardíacas ou respiratórias, ou se está grávida, consulte seu médico antes de iniciar qualquer programa de exercícios.

Vamos ao nosso plano:

1. **"Pegue leve" no começo.** Inicie o programa de forma tão fácil quanto possível até que ele tenha se tornado um hábito. Você aumentará a intensidade dos exercícios depois, mas, no início, é fundamental ir com calma. Na primeira semana, faça um exercício aeróbico de apenas cinco ou dez minutos – uma caminhada vigorosa, corrida, bicicleta ou natação. Isso basta. Você provavelmente desejará fazer mais, mas contenha-se. Na semana seguinte, acrescente cinco minutos a esse tempo inicial e faça o mesmo a cada semana do primeiro mês, de modo que ao final desse mês você esteja

se exercitando durante 20 a 25 minutos por sessão. Se esse tempo parecer muito pouco para você, não se preocupe: depois de criar o hábito você poderá estendê-lo. Agora seu foco é criar o hábito.

2. **Tenha um horário certo para exercitar-se.** Isto é crucial – encontre um horário em que possa praticar seus exercícios sem interrupções. Para a maioria das pessoas, a manhã é o melhor período, pois à noite geralmente temos algum compromisso. Outras pessoas preferem a hora do almoço. Escolha o período do dia que seja melhor para você e reserve um espaço em sua agenda para a malhação. Na primeira semana, faça os exercícios apenas em três dias. Na segunda e na terceira semanas, aumente essa frequência para quatro vezes e, na quinta semana, faça exercícios nos cinco dias. Depois mantenha os exercícios cinco vezes por semana, pois essa é a melhor maneira de entrar em forma. Um lembrete: o exercício deve ser seu compromisso mais importante do dia. Não permita que qualquer outra coisa atrapalhe.

3. **Não se permita perder um dia sequer.** As únicas razões aceitáveis para deixar de se exercitar são ficar doente e se machucar. Caso contrário, não pule nenhum dia. Os exercícios são tão leves no início que você jamais ficará cansado. Mesmo que ao final de um longo dia de trabalho você se sinta exausto, faça os exercícios: você agradecerá depois. Se começar a pular as sessões, logo criará o hábito de não se exercitar, quando o contrário deveria ser a regra. Para se criar um hábito é muito importante mantê-lo constante. Lembre-se, é como escovar os dentes – faça isso pela sua saúde, regularmente.

4. **Não desista.** Ainda mais fundamental do que não pular nenhum dia é jamais desistir. Se por qualquer razão você deixar de se exercitar por um dia ou dois, mesmo assim, não pare. Se

você perdeu mais do que dois dias, retorne à frequência de uma ou duas semanas atrás e recomece a formar seu hábito. Se desanimar e parar, motive-se novamente e volte a se exercitar. Um pequeno insucesso não é tão importante quanto dar a volta por cima e tentar outra vez.

5. Encontre companhia. Isso não é obrigatório, mas se você encontrar alguém que faça os exercícios junto com você, tudo se tornará mais fácil. Em primeiro lugar, porque ter companhia faz o tempo passar mais depressa. E, em segundo lugar, se você tiver que se encontrar com uma pessoa para a sessão de exercícios, provavelmente irá manter o compromisso.

6. Compartilhe seu progresso. Essa é uma maneira de se motivar a seguir o programa, pois ninguém gosta de admitir que fracassou. Assuma um compromisso com seus amigos ou escreva sobre seu programa em um blog para manter-se firme. Faça um diário de seus exercícios e de seus hábitos alimentares e mostre-o ao maior número de pessoas possível. Você se sentirá obrigado a manter seu compromisso.

7. Divirta-se. Item totalmente obrigatório. Se você não se divertir, jamais criará o hábito. Sendo assim, sinta o prazer de entrar em forma e ficar saudável, de queimar suas gordurinhas, de suar! Sinta como é relaxante a sensação de se livrar do estresse! Exercitar-se deve ser prazeroso, não uma tortura.

Bem, esse é o plano para criar o hábito de praticar exercícios físicos. É tudo muito simples – estabeleça um horário para seus exercícios, comece com um ritmo fácil e não pule nenhum dia. Em pouco tempo, exercitar-se será um hábito regular e você não desejará retomar sua vida sedentária novamente.

PASSO Nº 2: IMPLANTAR MUDANÇAS EM SUA ALIMENTAÇÃO

Após ter criado o hábito de exercitar-se no primeiro mês, chegou a hora de concentrar-se em seus hábitos alimentares. Se você já tem uma dieta razoavelmente saudável, poderá adequá-la às suas necessidades e implantar melhorias aos poucos. Se não tem uma dieta saudável, então seu objetivo será introduzir mudanças pequenas e graduais. Lembre-se de que mudanças drásticas não sustentarão seu plano.

1. **Alimente-se sempre que sentir um pouco de fome.** Não espere ficar faminto. Isso significa alimentar-se a cada três ou quatro horas. Se você sentir fome, coma. Siga estes passos: faça uma refeição a cada três ou quatro horas, preste atenção à sua fome e carregue sempre com você pequenos lanches. Siga este plano na primeira semana e não se preocupe com os próximos passos até chegar à segunda semana.

2. **Consuma alimentos leves.** Não coma nada pesado, mas uma vez por semana permita-se comer algo de que gosta, mesmo que não seja muito saudável. Consuma sempre frutas, legumes, cereais integrais, grãos e nozes. Alimentos frescos são mais saudáveis do que os processados. Siga os seguintes passos: elabore uma lista de alimentos saudáveis de que você goste e crie um cardápio para vários dias com lanches e refeições balanceadas. Esta etapa começa na segunda semana do programa; durante essa semana, tente não ser radical demais. Comece comendo mais frutas e legumes ou então eliminando refrigerantes. Na semana seguinte, adote outra mudança, talvez cortando os doces ou então preparando comida integral. Seu objetivo é implementar gradualmente uma dieta saudável com poucas guloseimas e fast-food, combinando frutas, legumes, grãos, frutas secas, cereais integrais, laticínios desnatados, produtos à base de soja e proteínas

magras (como carne magra, frango, peixe, tofu ou outra proteína vegetal). Inclua alimentos de que você gosta, caso contrário será difícil manter o programa. Isso é muito importante.

3. **Coma devagar.** Saboreie os alimentos. Não mastigue e engula rapidamente. Quando você come devagar, além de não ficar "cheio" demais, consegue sentir melhor o sabor dos alimentos. Este é seu objetivo para a terceira semana. Mantenha os dois passos acima.

4. **Coma até se sentir satisfeito, e não *cheio*.** Pare de comer antes de sentir-se plenamente satisfeito e espere 10 minutos para ter certeza se ainda está com fome. Este passo crucial será seu foco na quarta semana, além de manter o progresso das três semanas anteriores.

Repare que não estamos falando em regime, em restringir sua alimentação, mas sim em melhorar seus hábitos alimentares. O objetivo deste plano é ajudá-lo a comer de forma mais saudável e a se sentir mais leve. Um passo de cada vez, não se esqueça!

PASSO Nº 3: PERSISTÊNCIA, METAS E COMPROMISSO

Agora que você já deu os primeiros passos para criar os hábitos de praticar exercícios físicos e ter uma alimentação saudável, vamos continuar seu programa e torná-lo ainda melhor. Esse método de implementar mudanças lentamente pode ser frustrante para algumas pessoas, pois elas tendem a perder a motivação se os resultados não forem visíveis. Sendo assim, para manter-se motivado a seguir o programa e a esperar os resultados a longo prazo, faça o seguinte:

1. **Vá aumentando a duração e os tipos de exercícios.** Agora que você já se acostumou a fazer exercícios, estenda inicialmente seu treinamento para 30 ou 40 minutos e intensifique os

exercícios para melhorar sua forma física e acelerar a queima de gordura. Por exemplo, em vez de caminhar devagar e compassadamente por um longo tempo, intercale corridas aceleradas com períodos de descanso. Essa dica vale para qualquer tipo de exercício, mas não faça isso por muito tempo nem todos os dias. Alterne exercícios aeróbicos com exercícios de resistência. Uma boa ideia é você também tentar correr uma maratona curta – isso aumentará sua motivação e certamente será divertido.

2. Continue a ingerir alimentos saudáveis, acrescentando variedades e novos sabores. A cada semana, faça uma mudança positiva em sua alimentação: teste uma nova receita, prepare um café da manhã bem saudável, leve lanches para o trabalho, coma mais em casa do que fora, beba mais água ou então corte alguma guloseima. Passo a passo, substitua seus antigos hábitos alimentares por um estilo mais saudável. O segredo, lembre-se, é que mudanças graduais são mais facilmente mantidas. Para adicionar variedade, prove novas receitas, frutas, verduras e lanches. Quando gostar de alguma coisa nova, incorpore-a ao seu cardápio. Nunca pare de experimentar.

3. Estabeleça metas de curto prazo. Mudanças reais e duradouras só ocorrem em um longo período de tempo – meses ou até anos. Muitas vezes é difícil manter a motivação durante tanto tempo, então estabeleça objetivos a curto prazo, como uma meta a cada mês ou a cada semana. Alguns exemplos: aumentar suas sessões de exercícios em cinco minutos a cada dia desta semana; perder meio quilo por semana; fazer duas horas e meia de exercícios nesta semana; correr 5km no domingo, etc. As possibilidades são ilimitadas. Crie novas metas a cada uma ou duas semanas para manter-se motivado e compartilhe seus objetivos com seus amigos e familiares.

4. Registre seus progressos diariamente. Este é um hábito crucial, pois permitirá que tanto você quanto seus amigos observem e avaliem seu progresso, motivando-o a persistir. Anote cada novo passo de seu programa imediatamente, todos os dias, num registro simples, nada complicado – data, horário e o que você fez. Se possível, faça seus registros em um blog, para que todos possam acompanhá-los. Divulgue o endereço do blog para o maior número de pessoas possível e peça que o acessem e deixem comentários. Sua motivação será contínua.

5. Presenteie-se com recompensas. Quanto mais recompensas no início, melhor. Permita-se até mesmo um doce de vez em quando! Pois se você mantiver seus hábitos de exercícios e de alimentação saudável, a perda de peso será inevitável. Portanto, comemore cada pequeno sucesso!

30 MOTIVAÇÕES PARA VOCÊ SE EXERCITAR

Há um milhão de razões para você se manter motivado a praticar exercícios, mas aqui estão algumas que sempre funcionam muito bem:

1. Como você se sente depois. Uma sessão de exercícios traz uma sensação incrível de bem-estar. Lembre-se sempre dessa sensação.

2. Um tempo para si mesmo. Apesar de muitas pessoas arranjarem um espaço na agenda para se dedicar aos outros (filhos, cônjuge, familiares, colegas de trabalho, o chefe), elas raramente arrumam tempo para cuidar de si mesmas. Faça desse seu tempo uma prioridade e não pule nenhuma sessão de exercícios.

3. Queimar calorias. Se você contar as calorias que ingere –

e esta é uma das maneiras mais eficazes de perder peso –, saberá que quanto mais se exercitar, mais calorias irá queimar e menos terá a perder pela frente.

4. **Divertir-se.** Exercitar-se deve ser uma ação prazerosa. Se não for, tente outra atividade física de que goste. Qualquer uma que o faça se mexer será boa para você.

5. **Melhorar sua aparência.** Imagine um "você" mais magro, mais em forma. E deixe essa imagem encorajá-lo.

6. **Revistas.** Somos estimulados a fazer alguma coisa que nos interessa sempre que lemos a respeito dela. Então, comece a ler revistas sobre boa forma.

7. **Fotos de modelos em revistas.** Certo, elas provavelmente foram retocadas com o Photoshop para parecerem perfeitas, mas, por alguma razão, ver fotos de modelos estimula as pessoas a se esforçarem mais.

8. **Blogs.** É interessante ler blogs de pessoas que estão se exercitando e perdendo peso. Nós nos identificamos com seus altos e baixos e aprendemos com suas experiências.

9. **Histórias de sucesso.** Os relatos de sucesso de outras pessoas são incrivelmente inspiradores. Por isso, ao visitar sites que dividam essas histórias, procure lê-las.

10. **Fóruns.** Participe de fóruns de pessoas que tenham os mesmos objetivos que você.

11. **Caber em roupas novas.** Quer comprar roupas de tamanho menor? Exercite-se!

12. Ficar mais atraente. Este é um grande motivo, como todos sabemos.

13. Aumentar a adrenalina. O exercício provoca um fluxo de adrenalina. Então, entre nessa "onda" e faça sua sessão completa de exercícios.

14. Reduzir o estresse. Ficou esgotado após um longo dia de trabalho? Faça uma sessão de exercícios e livre-se do estresse. Você sentirá uma enorme diferença.

15. Um tempo para reflexão. A hora do exercício é um período só seu para refletir sobre sua vida.

16. Um companheiro de exercícios. Um dos melhores motivadores, como já discutimos.

17. Uma aula de ginástica. Procure se exercitar em grupo, talvez com um amigo, e você se sentirá mais bem-disposto e motivado.

18. Um *personal trainer*. É um dinheiro bem gasto, pois, além de receber orientação profissional, você passa a ter um compromisso.

19. Um diário ou gráfico de atividade. Por alguma razão, fazer anotações é extremamente importante. Tente por uma semana e você verá o poder que o registro tem.

20. Fotos de "antes". É difícil percebermos nossos progressos. Documente-os com fotos.

21. Uma corrida ou minimaratona. Inscreva-se sem se preocupar com seu desempenho. A motivação será instantânea.

22. A culpa por não ter feito o exercício. A sensação de ter pulado uma sessão de exercícios é péssima. Pense nela quando estiver com preguiça de começar.

23. Ficar bem velhinho para ver seus netos. E brincar com eles!

24. A balança. Não recomendo que você se pese todos os dias, pois seu peso varia. Mas, ao se pesar uma vez por semana, você se manterá motivado a perder mais peso. Tire suas medidas também.

25. Atingir uma meta. Estabeleça uma meta de peso a perder, uma medida a diminuir, o número de dias para exercitar-se ou a distância que quer correr esta semana. Estabelecer e medir o progresso em direção a uma meta nos motiva a atingi-la.

26. Divulgar suas metas em seu blog. Registre e compartilhe suas metas e seus resultados. Você se sentirá ainda mais motivado a chegar lá.

27. Frases motivadoras. Imprima ou salve em sua área de trabalho do computador suas frases motivadoras preferidas.

28. Livros. Para recompensar seus esforços, compre livros sobre boa forma ou com receitas saudáveis. Seus propósitos serão renovados.

29. Comentários sobre sua boa aparência. Quando alguém repara nas mudanças em seu corpo, você sempre se sente bem. E isso o motiva a melhorar ainda mais.

30. Um dia na praia ou um evento social. Você certamente vai querer estar com a melhor aparência possível.

DEZOITO

Uma palavrinha sobre motivação

Um dos maiores desafios para atingirmos qualquer meta, seja melhorar a produtividade, acordar cedo, mudar um hábito, fazer exercícios ou simplesmente ser mais feliz, é encontrar motivação para persistir. O objetivo deste capítulo é ajudá-lo a atingir suas metas e a criar e manter os hábitos discutidos neste livro – uma espécie de pedra fundamental de todos os outros princípios já apresentados.

Se persistir em busca de um objetivo por tempo suficiente, você o alcançará. Tudo o que você precisa é de paciência e motivação.

Motivação é a chave. No entanto, não é fácil encontrá-la todos os dias. Nas próximas páginas, ofereço um guia que o auxiliará a encontrar estímulo para qualquer meta que queira atingir, pois sempre haverá em sua jornada etapas que o deixarão desmotivado e com vontade de desistir. Mas não desista. Manter-se fiel a uma meta por um longo tempo é o caminho para qualquer coisa que realmente valha a pena.

COMO A MOTIVAÇÃO FUNCIONA?

Antes de qualquer coisa, é importante discutirmos o que é motivação, o que ela faz e como funciona.

Motivação é o que o impulsiona rumo a uma meta, o que o faz ir em frente quando as coisas se tornam difíceis, é a razão por que você levanta cedo para se exercitar ou fica acordado até tarde para terminar um projeto. Existem vários tipos de motivação, positivas e negativas. Um chefe que constantemente ameace demiti-lo é motivador, pois você com certeza trabalhará mais para concluir uma tarefa se estiver sob esse tipo de pressão. Mas acredito que o estímulo positivo sempre funciona melhor.

Sendo assim, podemos dizer que motivação é aquilo que leva você a querer fazer algo. Por exemplo, muitas vezes você não tem a menor vontade de acordar cedo e tudo o que quer é continuar dormindo. Mas se tiver uma boa razão para levantar, algo que realmente queira fazer, pulará da cama cheio de disposição.

O melhor tipo de motivação, então, é você realmente querer fazer algo que o entusiasme, algo a que se entregará com paixão. Lembre-se disso. No entanto, há coisas que você precisa fazer apesar de não gostar. Nesse caso, aprender técnicas de motivação certamente sustentará seus esforços pelo tempo necessário para atingir sua meta.

OITO MANEIRAS DE SE MOTIVAR DESDE O INÍCIO

É importante iniciar qualquer projeto com uma alta dose de motivação, pois um bom começo fornece um impulso que será mantido por um longo tempo. Se você começar com o pé direito, suas chances de sucesso são muito maiores. Veja algumas dicas:

1. **Comece com pouco.** Como já mencionei anteriormente, este é um ponto fundamental para você se motivar a atingir um objetivo. Não comece com ambições complexas. Inicie o processo por uma meta simples e cresça a partir daí.

2. Uma única meta. As pessoas às vezes estabelecem muitas metas ao mesmo tempo e tentam fazer mais do que conseguem. É um erro muito comum, que consome energia e motivação. Fixe uma meta de cada vez e mantenha todo o seu foco nela.

3. Analise suas motivações. Reflita e tome consciência das razões que o levam a querer fazer determinada coisa.

4. Queira de verdade. Para atingir uma meta, não basta pensar como seria ótimo conseguir alcançá-la. É preciso querer de verdade, envolver-se, desejar profundamente. Certifique-se de que sua meta se encaixa nesses critérios; caso contrário, poderá desistir dela facilmente.

5. Assuma um compromisso público. Ninguém gosta de fracassar perante os outros. Sempre nos esforçamos um pouco mais quando assumimos um compromisso público.

6. Entusiasme-se! Mesmo que sua motivação seja agradar ou ajudar outra pessoa, você tem que estar muito entusiasmado com essa meta para conseguir levá-la adiante. Para ganhar uma dose extra de entusiasmo, você pode conversar com alguém ou ler sobre o assunto, ou ainda visualizar seus resultados. A partir daí, absorva essa carga adicional de energia e siga em frente.

7. Crie expectativas. Essa dica pode parecer estranha e algumas pessoas vão querer pulá-la. Mas, acredite, ela funciona. Foi assim que consegui parar de fumar depois de várias tentativas frustradas. Mesmo que você esteja empolgado e queira muito atingir uma meta, não comece de imediato. Isso é um erro. Estabeleça uma data – daqui a uma semana ou duas, talvez até um mês – e chame-a de "Dia D". Marque-a no calendário e comece a imaginar esse dia. Pense nele como o dia mais importante de sua vida. Ao adiar um pouco o início, você cria expectativas e, com isso, aumenta sua energia para atingir a meta.

8. Compartilhe. Escreva sua meta em letras bem grandes e poucas palavras, como uma espécie de mantra (por exemplo, "15 minutos de exercício todo dia"). Prenda sua frase na parede ou na porta da geladeira, bem como no seu computador. Uma imagem que ilustre seu objetivo (como a foto de alguém com o abdômen lisinho, por exemplo) também ajuda.

20 MANEIRAS DE MANTER A MOTIVAÇÃO QUANDO VOCÊ DESANIMAR

A outra regra da motivação é seguir em frente mesmo quando seu entusiasmo inicial parece esmorecer. Talvez algo novo tenha acontecido em sua vida e sua meta não seja mais uma prioridade, ou talvez você tenha pulado um dia ou dois e agora não consiga retomar o hábito. Ou você pode simplesmente ter perdido o entusiasmo.

Se você conseguir se motivar novamente e seguir em frente, vai chegar lá. Mas se desistir agora, colocará tudo a perder. A escolha é sua – atingir seu objetivo ou desistir. Veja como se manter firme e persistir rumo à sua meta.

1. Controle-se. Quando começamos um novo programa de exercícios, ou qualquer empreitada com um objetivo final, geralmente estamos num estado de excitação. Nosso entusiasmo não tem limites e acreditamos que podemos fazer qualquer coisa. Mas em pouco tempo esse entusiasmo começa a diminuir. Uma ótima forma de manter a motivação quando começamos um projeto cheios de energia é parando para tomar fôlego no meio do caminho. Pare um pouco e faça apenas 50 a 75% da meta inicial. Planeje um curso de ação para você aumentar seu ritmo gradualmente com o tempo. Por exemplo, se eu desejo começar a correr, talvez acredite que possa correr 5km logo de início. Mas, em vez de fazer isso, tenho que me controlar e iniciar com 1km apenas. Ao terminar a corrida, terei vontade de continuar, mas preciso dizer a mim mesmo que já chega. Depois do primeiro dia, esperarei ansiosamente pela próxima corrida, quando então me permitirei correr 1,5km. Controlo minha energia e acalmo seu fluxo para que eu possa usá-la mais sabiamente a cada corrida.

2. **Simplesmente comece.** Em alguns dias você não sentirá a menor vontade de sair para uma corrida, de organizar suas contas ou de cumprir qualquer que seja sua meta para aquele dia. Mas, em vez de ficar pensando como será difícil e demorado, diga a si mesmo que você precisa apenas começar. Coloque o tênis ou abra a planilha de orçamento – depois tudo acontece naturalmente. As coisas só parecem difíceis quando você está sentado, cheio de preguiça. Mas, ao dar a partida, você vê que a tarefa não é tão ruim quanto pensava. Esta dica sempre funciona para mim.

3. **Mantenha seu compromisso público.** Se você se comprometeu com os outros, seja através de um fórum on-line, um blog, por e-mail ou pessoalmente, mantenha seu compromisso reportando seu progresso diariamente. Isso o ajudará a se esforçar, pois ninguém gosta de assumir um fracasso em público.

4. **Substitua pensamentos negativos por positivos.** Esta é uma das estratégias mais importantes de motivação e sugiro que a pratique todos os dias. Comece a monitorar seus pensamentos.

Durante os primeiros dias, simplesmente tome consciência de seus pensamentos negativos. Depois, substitua-os por positivos. Por exemplo: "Isto é muito difícil" deve ser substituído por "Eu consigo! Se (fulano) consegue, eu também consigo". Pode parecer um pouco mesquinho, mas realmente funciona.

5. **Pense nos benefícios.** Pensar em dificuldades é sempre um problema. Levantar cedo, por exemplo, parece uma missão impossível. Você já se sente cansado só de imaginar. Mude seu foco e tente ver o que você vai ganhar de bom com isso: conseguirá realizar sua tarefa e seu dia será muito melhor. Vislumbrar os benefícios sempre nos fornece uma carga extra de energia.

6. **Sinta-se estimulado novamente!** Reflita sobre o que fez você perder o entusiasmo por um projeto, depois tente se lembrar da excitação que sentiu quando o colocou em prática. O que o fez querer atingir esse objetivo? Pense nessas questões, retome seu foco e recupere o entusiasmo.

7. **Leia sobre o assunto.** Sempre que perder a motivação, leia um livro ou matérias na internet sobre o assunto relativo à sua meta. Isso traz inspiração, revigora, motiva e redireciona seu foco. Assim, leia sobre sua meta todos os dias, se possível, especialmente quando não se sentir muito entusiasmado.

8. **Encontre amigos que compartilhem sua meta.** Manter-se motivado não é fácil, mas se você encontrar pessoas com metas semelhantes, tudo ficará mais simples. Converse com seu cônjuge, irmão ou melhor amigo sobre as metas que pretendem atingir. Talvez vocês não tenham exatamente os mesmos objetivos, mas um poderá estimular o outro em direção ao sucesso.

Outra boa opção é participar de fóruns on-line, onde você pode conversar com outras pessoas sobre sua meta.

9. Leia histórias inspiradoras. Para mim, a inspiração vem de histórias de pessoas que conquistaram o que eu desejo conquistar, ou que estejam a caminho disso no momento. Leio blogs, livros, revistas, pesquiso sobre minha meta e leio histórias de sucesso.

10. Construa seu sucesso. Cada passo em sua empreitada é um sucesso a ser comemorado – até mesmo o fato de você tê-la iniciado! Celebre cada pequena conquista. Use esse sentimento estimulante para inspirá-lo a dar o próximo passo. Por exemplo, acrescente dois ou três minutos ao seu programa de exercícios. A cada nova etapa (que deve durar uma semana, lembre-se) você se sentirá mais energizado. Construa seu sucesso aos poucos e você não vai falhar. Após uns dois meses, seus pequenos passos se acumularão e terão se tornado um grande e bem-sucedido progresso.

11. Atravesse os altos e baixos. A motivação não é um sentimento permanente. Ela vai e vem, como as ondas. Assim, quando sua motivação estiver em baixa, lembre-se de que ela vai voltar. Simplesmente espere até que ela retorne. Enquanto isso, aproveite para ler sobre sua meta, peça ajuda e coloque em prática as outras dicas apresentadas aqui.

12. Peça ajuda. É sempre mais difícil conseguir algo sozinho. Quando decidi correr uma maratona, pedi ajuda a amigos e familiares. Quando decidi parar de fumar, me inscrevi em um fórum on-line que me estimulou enormemente. Construa sua rede de apoio, seja no mundo real ou no virtual. Ou em ambos.

13. Registre seu progresso. Pode ser de forma simples, como marcar um "X" em um calendário ou criar uma planilha. A recompensa de olhar para trás, analisar seu progresso e ver o longo caminho que você percorreu é fantástica. Esse registro o impulsionará a seguir em frente, pois você não vai querer olhar para sua tabela de registro e ver lacunas em branco. Mas, se isso acontecer, não se preocupe. Não deixe que obstáculos minem sua força de vontade. Persista e marque mais "X" daqui para a frente.

14. Presenteie-se frequentemente. Para cada pequeno passo ao longo do caminho, comemore seu sucesso com uma recompensa. Também é de grande valia anotar recompensas adequadas para cada passo, para que elas o estimulem a seguir em frente. Por "adequada" quero dizer: (1) proporcional ao tamanho da meta (não se presenteie com um luxuoso cruzeiro às Bahamas por ter corrido 1km, por exemplo); e (2) que não atrapalhe sua meta (se você está tentando perder peso, não recompense um dia inteiro de alimentação saudável com um doce altamente calórico. Isso seria jogar contra você mesmo!).

15. Estabeleça metas curtas. Muitas vezes, metas grandes ou de longo prazo podem sobrecarregá-lo. Talvez você perca o entusiasmo após algumas semanas se ainda tiver muitos meses pela frente até atingir seu objetivo final. É difícil manter a motivação por uma meta muito distante. A solução é estabelecer pequenas metas ao longo da jornada.

16. Contrate um treinador ou entre em uma aula. Assim você terá motivação para manter a frequência em suas atividades. Essa dica pode ser aplicada a qualquer objetivo. Apesar de ser uma solução mais dispendiosa, ela realmente funciona. Se pesquisar um pouco, você provavelmente encontrará um curso barato perto da sua casa ou do seu trabalho, e quem sabe descubra um amigo que ofereça o treinamento ou aconselhamento de que você precisa sem cobrar nada.

17. Nunca pare por dois dias seguidos. Esta regra leva em consideração nossa tendência natural de pular um dia ou outro de vez em quando. Ninguém é perfeito. Imagine que você não cumpriu sua meta de ontem e hoje já está sentindo um pouco de preguiça... Diga: "Não! Não vou parar dois dias seguidos!"

18. Use a técnica da visualização. Feche os olhos e imagine os resultados do seu sucesso com grande riqueza de detalhes. Como você está se sentindo? Onde está? Como está vestido? Forme uma imagem mental. E uma dica essencial: faça isso diariamente, pelo menos por alguns minutos. Esta é uma receita infalível para manter a motivação por um longo tempo.

19. Fique atento à vontade de desistir. Um antídoto poderoso contra isso é perceber quando o desânimo bater. Um exercício que ajuda muito é tomar nota de cada vez que se sentir desestimulado, pois isso irá torná-lo mais consciente de seus sentimentos. Em seguida, trace um plano para lidar com o desânimo quando ele aflorar, pois no momento crítico provavelmente nenhuma ideia lhe ocorrerá.

20. Encontre o prazer. Ninguém consegue manter uma atividade por muito tempo se ela não é prazerosa e se a recompensa só vem após muito trabalho árduo. Precisamos descobrir alegria e diversão em nossas atividades, caso contrário não sentiremos estímulo em realizá-las. Encontre o prazer nas coisas que faz – na beleza de uma corrida pela manhã, na satisfação de contar às pessoas que você atingiu sua meta, no sabor de uma refeição saudável.

AGRADECIMENTOS

Quero agradecer a ajuda valiosa de diversas pessoas que contribuíram para este livro, começando por Holly e Brendan, por sua infindável paciência com este escritor de primeira viagem. Agradeço aos leitores do meu blog *Zen Habits*, que me inspiraram e me encorajaram a cada passo da jornada. A minha mãe, Shannon, a rocha sobre a qual eu construí minha vida. A meu pai, Joe, cuja sabedoria e cujo humor sempre me inspiraram. A minha irmã Katrina, companheira de corrida e confidente, assim como minhas lindas irmãs Ana e Tiara e meus maravilhosos irmãos Joseph, Brandon e Austin. A meus filhos incríveis, razão de tudo o que faço, Chloe, Justin, Rain, Maia, Seth e Noelle.

E, naturalmente, a minha esposa, Eva, aquela que mais me apoia e torce por mim.

INFORMAÇÕES SOBRE OS PRÓXIMOS LANÇAMENTOS

Para receber informações sobre os lançamentos da Editora Sextante, basta cadastrar-se diretamente no site www.sextante.com.br

Para saber mais sobre nossos títulos e autores, e enviar seus comentários sobre este livro, visite o nosso site www.sextante.com.br ou mande um e-mail para atendimento@esextante.com.br

Editora Sextante
Rua Voluntários da Pátria, 45 / 1.404 – Botafogo
Rio de Janeiro – RJ – 22270-000 – Brasil
Telefone: (21) 2538-4100 – Fax: (21) 2286-9244
E-mail: atendimento@esextante.com.br